禅话与净话

中国佛学经典宝藏

38

方伦 著

星云大师总监修

人民东方出版传媒

东方出版社

总序

星云

自读首楞严，从此不尝人间糟糠味；

认识华严经，方知己是佛法富贵人。

诚然，佛教三藏十二部经有如暗夜之灯炬、苦海之宝筏，为人生带来光明与幸福，古德这首诗偈可说一语道尽行者阅藏慕道、顶戴感恩的心情！可惜佛教经典因为卷帙浩瀚、古文艰涩，常使忙碌的现代人有义理远隔、望而生畏之憾，因此多少年来，我一直想编纂一套白话佛典，以使法雨均沾，普利十方。

一九九一年，这个心愿总算有了眉目。是年，佛光山在中国大陆广州市召开"白话佛经编纂会议"，将该套丛书定名为《中国佛教经典宝藏》①。后来几经集思广

---

① 编者注：《中国佛教经典宝藏》丛书，大陆出版时改为《中国佛学经典宝藏》丛书。

益，大家决定其所呈现的风格应该具备下列四项要点：

一、启发思想：全套《中国佛教经典宝藏》共计百余册，依大乘、小乘、禅、净、密等性质编号排序，所选经典均具三点特色：

1. 历史意义的深远性
2. 中国文化的影响性
3. 人间佛教的理念性

二、通顺易懂：每册书均设有原典、注释、译文等单元，其中文句铺排力求流畅通顺，遣词用字力求深入浅出，期使读者能一目了然，契入妙谛。

三、文简意赅：以专章解析每部经的全貌，并且搜罗重要的章句，介绍该经的精神所在，俾使读者对每部经义都能透彻了解，并且免于以偏概全之谬误。

四、雅俗共赏：《中国佛教经典宝藏》虽是白话佛典，但亦兼具通俗文艺与学术价值，以达到雅俗共赏、三根普被的效果，所以每册书均以题解、源流、解说等章节，阐述经文的时代背景、影响价值及在佛教历史和思想演变上的地位角色。

兹值佛光山开山三十周年，诸方贤圣齐来庆祝，历经五载、集二百余人心血结晶的百余册《中国佛教经典宝藏》也于此时隆重推出，可谓意义非凡，论其成就，则有四点可与大家共同分享：

一、**佛教史上的开创之举**：民国以来的白话佛经翻译虽然很多，但都是法师或居士个人的开示讲稿或零星的研究心得，由于缺乏整体性的计划，读者也不易窥探佛法之堂奥。有鉴于此，《中国佛教经典宝藏》丛书突破窠臼，将古来经律论中之重要著作，做有系统的整理，为佛典翻译史写下新页！

二、**杰出学者的集体创作**：《中国佛教经典宝藏》丛书结合中国大陆北京、南京各地名校的百位教授、学者通力撰稿，其中博士学位者占百分之八十，其他均拥有硕士学位，在当今出版界各种读物中难得一见。

三、**两岸佛学的交流互动**：《中国佛教经典宝藏》撰述大部分由大陆饱学能文之教授负责，并搜录台湾教界大德和居士们的论著，借此衔接两岸佛学，使有互动的因缘。编审部分则由台湾和大陆学有专精之学者从事，不仅对中国大陆研究佛学风气具有带动启发之作用，对于台海两岸佛学交流更是帮助良多。

四、**白话佛典的精华集萃**：《中国佛教经典宝藏》将佛典里具有思想性、启发性、教育性、人间性的章节做重点式的集萃整理，有别于坊间一般"照本翻译"的白话佛典，使读者能充分享受"深入经藏，智慧如海"的法喜。

今《中国佛教经典宝藏》付梓在即，吾欣然为之作序，并借此感谢慈惠、依空等人百忙之中，指导编修；吉广兴等人奔走两岸，穿针引线；以及王志远、赖永海等大陆教授的辛勤撰述；刘国香、陈慧剑等台湾学者的周详审核；满济、永应等"宝藏小组"人员的汇编印行。由于他们的同心协力，使得这项伟大的事业得以不负众望，功竟圆成！

《中国佛教经典宝藏》虽说是大家精心擘划、全力以赴的巨作，但经义深邃，实难尽备；法海浩瀚，亦恐有遗珠之憾；加以时代之动乱，文化之激荡，学者教授于契合佛心，或有差距之处。凡此失漏必然甚多，星云谨以愚诚，祈求诸方大德不吝指正，是所至祷。

一九九六年五月十六日于佛光山

原版序
敲门处处有人应

慈惠

　　《中国佛教经典宝藏》是佛光山继《佛光大藏经》之后，推展人间佛教的百册丛书，以将传统《大藏经》精华化、白话化、现代化为宗旨，力求佛经宝藏再现今世，以通俗亲切的面貌，温渥现代人的心灵。

　　佛光山开山三十年以来，家师星云上人致力推展人间佛教，不遗余力，各种文化、教育事业蓬勃创办，全世界弘法度化之道场应机兴建，蔚为中国现代佛教之新气象。这一套白话精华大藏经，亦是大师弘教传法的深心悲愿之一。从开始构想、擘划到广州会议落实，无不出自大师高瞻远瞩之眼光，从逐年组稿到编辑出版，幸赖大师无限关注支持，乃有这一套现代白话之大藏经问世。

　　这是一套多层次、多角度、全方位反映传统佛教文化的丛书，取其精华，舍其艰涩，希望既能将《大藏经》

深睿的奥义妙法再现今世，也能为现代人提供学佛求法的方便舟筏。我们祈望《中国佛教经典宝藏》具有四种功用：

一、是传统佛典的精华书

中国佛教典籍汗牛充栋，一套《大藏经》就有九千余卷，穷年皓首都研读不完，无从赈济现代人的枯槁心灵。《宝藏》希望是一滴浓缩的法水，既不失《大藏经》的法味，又能有稍浸即润的方便，所以选择了取精用弘的摘引方式，以舍弃庞杂的枝节。由于执笔学者各有不同的取舍角度，其间难免有所缺失，谨请十方仁者鉴谅。

二、是深入浅出的工具书

现代人离古愈远，愈缺乏解读古籍的能力，往往视《大藏经》为艰涩难懂之天书，明知其中有汪洋浩瀚之生命智慧，亦只能望洋兴叹，欲渡无舟。《宝藏》希望是一艘现代化的舟筏，以通俗浅显的白话文字，提供读者遨游佛法义海的工具。应邀执笔的学者虽然多具佛学素养，但大陆对白话写作之领会角度不同，表达方式与台湾有相当差距，造成编写过程中对深厚佛学素养与流畅白话语言不易兼顾的困扰，两全为难。

三、是学佛入门的指引书

佛教经典有八万四千法门，门门可以深入，门门是无限宽广的证悟途径，可惜缺乏大众化的入门导览，不易寻觅捷径。《宝藏》希望是一支指引方向的路标，协助十方大众深入经藏，从先贤的智慧中汲取养分，成就无上的人生福泽。

四、是解深入密的参考书

佛陀遗教不仅是亚洲人民的精神归依，也是世界众生的心灵宝藏。可惜经文古奥，缺乏现代化传播，一旦庞大经藏沦为学术研究之训诂工具，佛教如何能扎根于民间？如何普济僧俗两众？我们希望《宝藏》是百粒芥子，稍稍显现一些须弥山的法相，使读者由浅入深，略窥三昧法要。各书对经藏之解读诠释角度或有不足，我们开拓白话经藏的心意却是虔诚的，若能引领读者进一步深研三藏教理，则是我们的衷心微愿。

大陆版序一

　　《中国佛教经典宝藏》是一套对主要佛教经典进行精选、注译、经义阐释、源流梳理、学术价值分析，并把它们翻译成现代白话文的大型佛学丛书，成书于二十世纪九十年代，由台湾佛光文化事业有限公司出版，星云大师担任总监修，由大陆的杜继文、方立天以及台湾的星云大师、圣严法师等两岸百余位知名学者、法师共同编撰完成。十几年来，这套丛书在两岸的学术界和佛教界产生了巨大的影响，对研究、弘扬作为中国传统文化重要组成部分的佛教文化，推动两岸的文化学术交流发挥了十分重要的作用。

　　《中国佛学经典宝藏》则是《中国佛教经典宝藏》的简体字修订版。之所以要出版这套丛书，主要基于以下的考虑：

　　首先，佛教有三藏十二部经、八万四千法门，典籍浩瀚，博大精深，即便是专业研究者，穷其一生之精力，恐也难阅尽所有经典，因此之故，有"精选"之举。

其次，佛教源于印度，汉传佛教的经论多译自梵语；加之，代有译人，版本众多，或随音，或意译，同一经文，往往表述各异。究竟哪一种版本更契合读者根机？哪一个注疏对读者理解经论大意更有助益？编撰者除了标明所依据版本外，对各部经论之版本和注疏源流也进行了系统的梳理。

再次，佛典名相繁复，义理艰深，即便识得其文其字，文字背后的义理，诚非一望便知。为此，注译者特地对诸多冷僻文字和艰涩名相，进行了力所能及的注解和阐析，并把所选经文全部翻译成现代汉语。希望这些注译，能成为修习者得月之手指、渡河之舟楫。

最后，研习经论，旨在借教悟宗、识义得意。为了将其思想义理和现当代价值揭示出来，编撰者对各部经论的篇章品目、思想脉络、义理蕴涵、学术价值等所做的发掘和剖析，真可谓殚精竭虑、苦心孤诣！当然，佛理幽深，欲入其堂奥、得其真义，诚非易事！我们不敢奢求对于各部经论的解读都能鞭辟入里，字字珠玑，但希望能对读者的理解经义有所启迪！

习近平主席最近指出："佛教产生于古代印度，但传入中国后，经过长期演化，佛教同中国儒家文化和道家文化融合发展，最终形成了具有中国特色的佛教文化，给中国人的宗教信仰、哲学观念、文学艺术、礼仪习俗等留下了深刻影响。"如何去研究、传承和弘扬优秀佛教文化，是摆在我们面前的一个重要课题，人民东方出版传媒有限公司拟对繁体字版的《中国佛教经典宝藏》进行修订，并出版简体字版的《中国佛学经典宝藏》，随喜赞叹，寥寄数语，以叙因缘，是为序。

二〇一六年春于南京大学

大陆版序二

依空

身材高大、肤色白皙、擅长军事的亚利安人，在公元前四千五百多年从中亚攻入西北印度，把当地土著征服之后，为了彻底统治这里的人民，建立了牢不可破的种姓制度，创造了无数的神祇，主要有创造神梵天、破坏神湿婆、保护神毗婆奴。人们的祸福由梵天决定，为了取悦梵天大神，需要透过婆罗门来沟通，因为他们是从梵天的口舌之中生出，懂得梵天的语言——繁复深奥的梵文，婆罗门阶级是宗教祭祀师，负责教育，更掌控了神与人之间往来的话语权。四种姓中最重要的是刹帝利，举凡国家的政治、经济、军事、文化等等都由他们实际操作，属贵族阶级，由梵天的胸部生出。吠舍则是士农工商的平民百姓，由梵天的膝盖以上生出。首陀罗则是被踩在梵天脚下的土著。前三者可以轮回，纵然几世轮转都无法脱离原来种姓，称为再生族；首陀罗则连轮回的因缘都没有，为不生族，生生世世为首陀罗，子孙也倒霉跟着宿命，无法改变身份。相对于此，贱民比首陀罗更为卑微、低贱，连四种姓都无法跻身其中，只能从事挑粪、焚化尸体等最卑贱、龌龊的工作。

出身于高贵种姓释迦族的悉达多太子，为了打破种姓制度的桎梏，舍弃既有的优越族姓，主张一切众生皆平等，成正等觉，创立了佛教僧团。为了贯彻佛教的平等思想，佛陀不仅先度首陀罗身份的优婆离出家，后度释迦族的七王子，先入山门为师兄，树立僧团伦理制度。佛陀更严禁弟子们用贵族的语言——梵文宣讲佛法，而以人民容易理解的地方口语来演说法义，这就是巴利文经典的滥觞。佛陀认为真理不应该是属于少数贵族、知识分子的专利或装饰，而应该更贴近普罗大众，属于平民百姓共有共知。原来佛陀早就在推动佛法的普遍化、大众化、白话化的伟大工作。

佛教从西汉哀帝末年传入中国，历经东汉、魏晋南北朝、隋唐的漫长艰巨的译经过程，加上历代各宗派祖师的著作，积累了庞博浩瀚的汉传佛教典籍。这些经论义理深奥隐晦，加以书写的语言文字为千年以前的古汉文，增加现代人阅读的困难，只能望着汗牛充栋的三藏十二部扼腕慨叹，裹足不前。

如何让大众轻松深入佛法大海，直探佛陀本怀？佛光山开山宗长星云大师乃发起编纂《中国佛教经典宝藏》。一九九一年，先在大陆广州召开"白话佛经编纂会议"，订定一百本的经论种类、编写体例、字数等事项，礼聘中国社科院的王志远教授、南京大学的赖永海教授分别为中国大陆北方与南方的总联络人，邀请大陆各大学的佛教学者撰文，后来增加台湾部分的三十二本，是为一百三十二册的《中国佛教经典宝藏精选白话版》，于一九九七年，作为佛光山开山三十周年的献礼，隆重出版。

六七年间我个人参与最初的筹划，多次奔波往来于大陆与台湾，小心谨慎带回作者原稿，印刷出版、营销推广。看到它成为佛教徒家中的传家宝藏，有心了解佛学的莘莘学子的入门指南书，为星云大师监修此部宝藏的愿心深感赞叹，既上契佛陀"佛法不舍一众"的慈悲本怀，更下启人间佛教"普世益人"的平等精神。尤其可喜者，欣闻现大陆出版方东方出版社潘少平总裁、彭明哲副总编亲自担纲筹划，组织资深编辑精校精勘；更有旅美企业家鲁彼德先生事业有成之际，秉"十方来，十方去，共成十方事"之襟怀，促成简体字版《中国佛学经典宝藏》的刊行。今付梓在即，是为序，以表随喜祝贺之忱！

二〇一六年元月

目　录

自序

古今佛门中人，都公认禅那的地位最高，但究竟要高到什么程度，才能算是最高呢？假如高到了三世诸佛，不能自宣，六代祖师，全提不起，一大藏教，诠句不及，如《维摩诘经》里，文殊师利叹曰："善哉！善哉！乃至无有语言文字，是真入不二法门。"像这样的程度，也总可以算是最高了；而禅心的确是达到这个地步。古今佛门中人，又都公认净土的效用最广，但究竟要广到什么程度，才能算是最广呢？假如广到了十恶五逆，得预圣流，旁生异类，亦生佛国，如《弥陀经疏钞》卷一里所说："恶人则善和十念，地狱现，而化佛空迎。畜生则鸲鹆称名，形骸掩，而莲花地发。"像这样的程度，也总可以算是最广了，而净法的确是做到这个地步。唯其如此的高广，所以禅净两门，自有佛法以来，始终都是站在领导的地位，不可动摇，过去如是，现在如是，未来也如是。就表面看来，似乎禅净是极端相反的，并且在佛教发展的过程中，确曾有一时期，这两个法门，是站在相反的地位。但是尽管别门户，争彼此，毕竟事实胜于雄辩，终于由永明禅师的禅净四料简，登高一呼，化敌为友。五六百年来，在佛门功课中，几乎是净必有禅，禅必有净，不见得有何不可合流的痕迹，像这样才算是把握教网的大纲，融会诸法的异相。但是，就因为高的缘故，利根人能参能悟；钝根人，则不能。也就因为广的缘故，钝根人肯信肯行；利根人，则不肯。所以若不将这两门中的哑谜，赤裸裸的，都予以揭开，则始终是佛法中一大遗憾，一大缺点。不慧不揣谫陋，欲救其弊，也知佛海渊深，非蠡可测，但是有鲠在喉，又不得不吐，所以终于在写了一篇禅话之后，又写了一篇净话，酰鸡瓮语，贻笑方家，这还是小事；假如我五百世堕野狐身，还瞎了读者的慧眼，那这祸头就闯得大了，所以很希望善知识，予以指正。

　　　　　　佛历二五一四年葭冬方　伦序于台湾左营

禅话

　　禅为梵语禅那之简称，旧译为思维修，新译为静虑，乃指湛寂而非无知之心念而言；缘一切众生，上自人类，下至虫蚁，自无始以来，其心体不是念念相续，永无止息，即是睡眠闷绝，浑然无知。此两种心，皆非本来心相，皆是轮回根本，受苦由来，故须习禅以复其初也。凡夫局于世虑，未能起出世之想，故其心念，皆在六道之内，每起一念，皆落一道；反之若不起念，则不落任何道；不落任何道，则出轮回，脱生死苦海矣。明此无念之心，保持此无念之心者，皆禅门分内事，此谓修禅。舍此若更有作为，有感觉，有境界者，即是外道禅定，即是不究竟法，纵使得益一时，以不究竟故，其定力有一定限度，过若干时，或若干劫后，依然再起念堕落，再入轮回，不能永远解脱，何况修之不得法，则不特不能得益，且为患甚大乎？佛门禅法，以出世为正宗，既出世矣，又有小乘，大乘，最上乘之分，悟我空之理，求脱生死，灰心灭智，不起作用者，为小乘禅。证此者，其最高果位曰阿罗汉，或辟支佛。悟我法二空之真理，心体湛然，分证真如者，为大乘禅。证此者，其最高果位曰菩萨。知我心本来清净，不属迷误，原无烦恼，福慧俱足，不假外求，此心即佛，无俟修为者，为最上乘禅。证此者，其最上果位曰佛。迦叶达摩门下所传者，即此禅也。

《大梵天问佛决疑经》载，世尊在灵山会上，大梵天王以金色波罗花献佛，请佛说法。世尊但拈花，不说一字，一时百万人天悉皆罔措，独金色头陀破颜微笑，世尊曰："吾有正法眼藏，涅槃妙心，实相无相，微妙法门，不立文字，教外别传，咐嘱汝摩诃迦叶。"是为禅宗源流，佛入灭后，迦叶传佛心印及衣钵，为禅宗初祖；阿难继之，为二祖；嗣后辗转相传，至第二十八祖达摩，泛海来华，传付禅法，因鉴于中国学佛者，多在文字上寻活计，致迷指失月，故不立文字，直指心源。其不立文字者，并非排斥文字，不过不执着文字耳。观初祖迦叶，于佛灭度后，唯以结集三藏，为当务之急，嗣复传法于多闻第一之阿难，迨后达摩东来，传心印于精通内典之慧可，并以《楞伽》四卷为证。六祖虽示现不识文字，符禅宗真旨，然犹以《金刚经》为主，印契无住生心，赞叹摩诃般若；至若马鸣龙树，以祖师兼论主；永明禅师，着《宗镜录》一百卷等。皆欲以有字说无字，启悟后人，于尔可见禅宗之于文字矣。平心而论，禅为佛心，教为佛口，心口一源，相资为用，岂有轩轾于其间？彼入主出奴者，徒见其法相未融，横生分别耳。

佛门禅法，分为教内禅，与教外禅。教内禅即如来禅，以其在经教之内，为文字所诠，故称教内；教外禅即祖师禅，以其在经教之外，以心印心，非文字所诠境界，故称教外。如来禅为普被诸根机，有方法，有程序，有造诣，所谓行远自迩，登高自卑，其法四平八稳，条理井然，故气象和平，称为渐教。祖师禅独阐最上乘法，接引利根上智，非钝根劣智者，所能跂及。其法超越次第，迳指心源，立到一尘无着处，直悟诸法未生时，故气象雄猛，称为顿教。迦叶达摩以次，乃至一花五叶，如临济，云门，曹洞，沩仰，法眼，各宗所传者，皆教外禅也，教外禅称为禅宗；教内禅则不以宗名也。

如来禅重在摒除俗务，打坐观心，如《圆觉经》之安处徒众，安坐静室，及三月安居等是也，其于座前座后，应行准备之事项，如调心调息，手足姿势，呼吸长短等，皆有一定规矩，台家二十五方便，即其例也。坐时谓之入定，坐后谓之出定。当其坐时，闲居静处，小心翼翼，不敢咳嚏抓搔，扬眉瞬目，散动手足。但祖师禅则不然，不必怯尘避世，落取舍边，尽管入世间去，入热闹场中去，穿衣吃饭不差，行住坐卧尽是，万法即真如，俗谛皆真谛，故从早至晚，六根门头，无不敞门洞开，不避见闻觉知，亦不碍见闻觉知，眼前光奕奕，圆陀陀，竖起脊梁，放开眼孔，游行自在，顾盼雄毅，任他境界万千，只觉胸怀一片，此才是禅门真旨，祖道嫡传，在昔净名呵斥宴坐，六祖见人结跏，曾自将杖打起，即是绝好训示。他如一坐数日，落造作或空寂窠臼者，不是小乘禅，即是外道禅，不足取也。试思佛菩萨示现十方，分身无数，若与物接触，便保持不住，随境迁流，若静时把得住，动时便把不住者，将见众生未度，自己先沉，宁有是理，可知是真禅心，不妨同尘，真如有随缘不变义，彼入山遁世，然后参修者，仅得禅之肤廓，未得其骨髓耳。虽然如此，毕竟坐有坐之用处，不坐有不坐之用处，欲坐即坐，欲不坐即不坐，活活泼泼全无拘束，莫之夭阏，才是禅家风度。若死泥于不坐，而斥宴坐，亦是一偏之见，不足为法，行住坐卧，坐岂非四威仪之一乎？净名呵斥宴坐，六祖将杖打起者，是对治法，对治以坐为定，不坐即不定之人耳。不然三世诸佛，皆曾结跏，且有吉祥坐、降魔坐等之别，即释尊在菩提树下，入金刚喻定，以一念相应慧，破无始无明，成等正觉，亦并未离座。贤劫千佛，皆是如此，岂净名六祖为是，而诸佛皆非是耶？可知呵斥宴坐，将杖打起者，但是破执，此意不可不晓。

一说到禅，闻者率皆摇首咋舌，目动色变，以为是了不起的学问，又以为像如此高深微妙之禅学，只有佛祖菩萨，方行得来，我辈凡夫俗子，安可存此奢望？再不然，又以为此乃高僧隐士，在深山绝顶所修的勾当，世人扰扰，安能有成？再不然又以为古来禅门诸大德，承事善知识历多少艰辛折磨，方能亲闻秘奥，如慧可求法及断臂，惠能破柴及舂米，临济三度被打，百丈三日耳聋，水潦被马祖踏翻等，皆几经艰难，然后得法。今者足不出户庭，但翻阅几卷破经书，便合得无上法，宁有是理？凡作此类见解者，皆智慧浅薄，故舍近求远，舍易求难，不敢直下承当，譬如力士额上珠，贫儿衣中宝，欲得此珠宝，便有三种得法：第一种蒙善知识面告而得，第二种蒙善知识函告而得，第三种偶自摸索而得。遇此三种因缘，皆能得之。因缘虽有不同，而得珠宝则同，凡亲闻佛菩萨说法，或善知识指示，因而觉悟者，皆属面告类；阅读经论，或古人著述，因而觉悟者，皆属函告类；净种成熟，忽而大悟者，皆属自索类。若只许前一类得法，不许后二类得法者，是无异谓得人面告者，能得珠宝，得人函告及自行摸索者，均不能得，岂云合理？果尔则古人又何必著作，今人又何必阅读乎？其实大道即在眼前，说穿了一文不值，学者切勿被古人瞒过，切勿被成千累万禅门公案吓昏，切勿看低自己，不敢与诸佛比肩，能如是始可与言道。

古师择徒至严，有宁与法俱腐，决不肯所传非人之慨，此中自有道理存在。凡得法有两种作用：一者自度，二者广度群品。前者非智慧莫辨，后者更非智慧莫辨。倘若根器不对，虽传亦不起作用，不特传如不传，亦且亵法，此为不肯滥传之原因。菩萨戒中，有不得对小根说微妙法之戒，职是故也，并且得法太容易了，更会起简慢心，不生难遭想，而门庭嘈杂，良莠不齐，最易使佛法毁灭，此所以不得不郑重出之也。达摩既来华传法，何以在嵩山少林寺面壁九年？六祖得法后，何以隐于猎人队中十余年？此皆时节因缘未至，不得不藏器待时也。慧可数度请法，达摩均不许可，必待安心时节而后许之；五祖不传法于五百人上座之神秀，而传于舂米之岭南不识字樵夫；可知对其择徒，若何慎重。孔子虽有教无类，然其言曰："不愤不启，不悱不发，举一隅不以三隅反，则不复也。"可知古圣贤传授心要，若何其期期难吐矣。

禅门有许多造作，如打、喝、踏、掩口、扭鼻、灭烛、画圆圈、自背后呼其名等，皆是也；又有以无理路言句，令学人朝夕参究，如"麻三斤"，"待汝一口吸尽西江水，却对汝说","我在青州做一领布衫，重七斤半","泥牛一去不复返，石女怀春脚弄琴"之类，真是五花八门，连篇累册，谓之参话头。凡此施设各种造作，皆是要学者识得主人翁，参话头也是要他识得主人翁，此主人翁即自性也。见主人翁即是见性，所有各种施设，无非显此一物事，或以遮为显，或以表为显，参话头亦是施设之一。按无理路之话头，原无可参，但是学者得到言句后，以为大道即在里许，由是唯勤唯谨，朝参暮参，左参右参，横参竖参，行参卧参，无时无刻不参，参到智穷力竭，头昏脑涨，逼得无可奈何，便不得不一齐休歇，放下万缘。当是时六识全断，一性孤明，露出父母未生前本来面目，一刹那间，豁然大悟，身心脱落，如释重担。此即参话头之作用。故其语句，必须毫无理路可言，方能见效。但因参悟道者，只十之一二，弄得半途而退，终身不敢问津者，却十之八九，且每有空腹高心之辈，连自己亦弄不清，实无法接引后学；但遇人参问时，辄预备些极无理路言句，搪塞过去，大是误己误人！故参话头一法，实不宜再用，世风日下，众生根器愈浅，福慧愈薄，并打喝等法，恐亦不能契机。运会至此，接引之法，不得不改变，倘遇十分心坚情切，勤求解脱者，不妨明白正告，俾圆满其愿望，亦诸佛本怀也。

吾人自朝至暮，一切动作和思维，皆未离分别，如眼之于色，耳之于声，鼻之于香，舌之于味，身之于触，意之于想，皆是识在作用。此六识为受了第七末那识执我之影响，以致所有动作和思维，悉倾向纯利己方面进展，求乐避苦，以娱幻身，此执我之一念，即是根本无明；由根本无明，再广生种种分别，即是枝末无明。根本无明是受生因，枝末无明是受苦因，生死是对待的，苦乐亦是对待的，吾人欲拔生死本，竭苦乐源，则对于永无休歇的六识心浪，必须予以停止。心念一停止，则相续不断的意识，便立即由比非二量，进入现量境界；同时前五识亦随之俱转，不起作用，此时心的现象，是有心而无念，因虚灵不昧，不若睡眠闷绝之无知，故曰有心。因不思维过去现在未来一切事物，故曰无念。永远维持此心者，在小乘断分段生死，即入无学位，在大乘断微细流注，即入佛位。此种无念真心，是绝诸对待，悄然无寄的。故不属生灭，善恶，是非，垢净，增减，生死，一异，断常，来去等，一切一切的相对范围，而唯是正受着言语道断，心行处灭的涅槃境界。

　　学佛者，本来只有一个目标，即是成佛；但因学者愿行各各不同，故果位亦各各不同。所谓人天果，二乘果，菩萨果，佛果是也。其中以求佛果为正宗，余者皆属方便。一切众生，不管他是善不善，是十恶五逆，是邪师外道，是大乘小乘，是庸愚不肖，是畜鬼地狱，是愿意不愿意（邪外或不愿意，决不成佛，但时节因缘到时，自会幡然改途，如孩童有不愿娶妻者，及其长也，无不慕少艾），当来之世，皆当成佛，《大般涅槃经》说："一切众生，皆有佛性；虽有佛性，要因持戒，然后乃见；因见佛性，得成正觉。"不过早一日成佛，便早一日解脱，早一日解脱，便早一日离苦。所以智者必早求出世也。行者若欲成佛，切莫向外求佛，外间无佛，十方世界，如东方阿閦，上方香积，西方弥陀，南方日月灯等，超恒沙诸佛世尊，今皆现在，一一佛，皆具三十二相、八十种好，乃至佛刹微尘数，相好尊严，然此是应化佛。应化非真，随缘生灭，因缘灭时，佛身亦灭，如《观音势至授记经》载，阿弥陀佛正法灭后，观世音菩萨，即继之成佛，可知弥陀寿命无尽，是法身佛义；有尽，是应身佛义；应身既能生灭，便非真佛。又如本师释迦牟尼佛，住世八十年，说法四十九年，但鹤林示寂，遂掩金容。何得谓为真佛？佛寺所供奉之佛像，不外泥塑纸绘木刻，更不是佛，然则真佛果在何处？不得不一一加以研究，六祖说："汝等诸人，自心是佛，更莫狐疑!"马祖谓道悟曰："识取自心本来是佛，不属渐次，不假修持，体自如如，万德圆满。"黄檗禅师说："唯直下顿了自心本来是佛，无一法可得，无一行可修，此是无上道，此是真如佛。"此数则启示自心是佛义，可谓极明白了当，所以禅门若不知自心即一尊本源自性天真佛，而但向外求佛法者，谓之骑驴觅驴，极可怜愍。学者于此必须信得过，认得真，耐得稳，修为工夫，方有着落，方算得正法眼明，不然都是骑驴觅驴的笨伯。

无念真心有许多别名，如天真佛，自性，本性，佛性，大总相法门体，常住真心，妙明真心，如来藏，本觉，真如，一真法界，不二法门，法身，本来面目，本地风光等，悉是指此一物事。学者认识自身内有此一物，谓之见性，然但知其理，仅落诠解边，不能亲见法身，譬如盲者，闻人说月，因知天上有月，其实月毕竟是何情状，尚未了解，此是第一阶段。故见性后，必须离念亲证其境，彻悟其理，方名真见性，譬如开目见月，胸次朗然，此是第二阶段。亲证后若不保持，则一如往昔，为俗事世念所遮，为嗜欲业力所牵，久而久之，依然沉埋到不可复见，故必须时时刻刻，念之不忘，持之勿失，名为保任，如时时吹拨云雾，勿使明月被遮，此是第三阶段。保任工夫，必须做到从生至死，从现在穷未来际，没有一秒的时间不在，才算成功。如万里无云，天清月朗，此是第四阶段。以上四阶段工夫，如何下手，妄以管见分述于下，至祈善知识指其瑕疵，予以教正！

第一阶段，吾人终日眼视耳听，作止起卧，是非苦乐，痛痒饥饱等一一感觉，应之如响，尽人皆知此是识在作用，无识则无一切感觉，但若再问识自何处发出？识之生身父母，究是何物？乃能如此敏妙，则鲜有能答者。今谓一为比喻，吾人皆见菜安在盘上，盘安在桌上，桌安在地板上，地板安在地上，地又安在何物上？如此层层探讨，必然会发现最后一物，是安在虚空上，以无所安为安，乃称究竟。若非安在虚空上，则必不了，可知虚空无物，而能生万物，能容万物，为万物之母，六识生于藏识，藏识生于真如自性，真如自性空空洞洞，有如虚空，为诸识母，非见闻觉知，而为见闻觉知之源，见闻觉知是生灭法，独此非见闻觉知之性，乃真正不随生灭而生灭者，上自无始，下迄无终，不变不失，虽作驴作马，生天入狱，形态尽管变换，此性却永远不变，人人满足，个个完成，生佛无殊，智愚悉备，不在身上，亦不离身上，达此理者，名初步见性，有如盲者闻人说月，因知天上有月。

　　第二阶段，即知其有，必须亲证，证法极其简单，在理上当离见闻觉知时，而尚有物存在者，此物即是自性，即是见闻觉知之母，所以一切众生，不论人畜，但须把心念停止了一下，心念即停，则意识已断，当意识断时，当前惺惺了了，謦然独存之心，便是离四句，绝百非的真如自性。亲证此境者，名真见性；如开目见月，胸次朗然。

第三阶段，即证其有，必须保任，方不至为尘劳所埋，思虑所翳，保任之法，并非合眼闭口，不敢有所动作，古今岂有合眼闭口，不敢动弹之佛菩萨？行者处事应世，尽管抬头睁眼，语言动作，但于看时必须以我对色，胸中觉得这边是我，那边是色，听时必须以我对声，胸中觉得这边是我，那边是声，鼻舌身意，乃至言动，亦皆如此，此中要点，即在切勿忘了我，当忘我时，便是随物转，故不可忘也。六尘境界在外，有如风筝，自性在内，如放风筝之人。根尘之间，隐隐然有一个我，把他绾住，果能永远如是，则永远由我控制境界，不至为境界所控制；不为境界所控制，则心不移于物；心不移于物，则生死轮回便停止了，行者但如法时时回光返照自性，此即名保任。保者，保持勿失，任者，任其所之。古德云：如与人看牛，执杖视之，勿使犯禾稼。又云：一回入草去，蓦鼻牵将来。是也，故当忘记了时，便是主人翁不在，致牛犯稼入草之时，此在工夫未纯之日，往往有此弊病，故初下手时，须密加守护；如时时吹拨云雾，勿使明月被遮。

第四阶段，行者时时保任，朝斯夕斯，造次于是，颠沛于是，穿衣吃饭于是，放尿痾屎于是，久而久之，工夫纯熟至纵不保任亦在时，便算成功了。此时法身全显，性光遍一切处，上与诸佛互涵，下与含灵共摄，如万里无云，天清月朗。

禅门虽高峻，即此是秘密，舍此外更无秘密，所谓向上一路，千圣不传是也。若云更有秘密可得者，便是波旬说法，非我佛教义，行者但时时摄心不起妄念，但保任得寂光真性，宛然在前，则万事皆毕。所有修行门径，如坐禅、守戒、诵经、礼佛、研教，乃至三贤十地，六度万行，无须修为，一切具足。譬如远客还乡，则必先结束诸事，筹费，治装，买舟，坐车，过关，宿栈，登山，渡水，如是等等，目的悉为还家。今若已到家，则上述一切诸事，一切辛苦，均无须经历。佛门中修种种法，皆未到家也，今兹一念回光，便已超越万法。直到佛地，何须更修万法？又譬如世间官爵，须级级升迁，艰难已极，今若诞生为王子，则甫出胞胎，便已贵压百官，嗣补王位。行者但须当下见性，当下便诞生王子，位在百僚上，何须级级升迁，艰难造作乎？或问既已是佛，佛具五眼六通，能放光变化，世间见性人，则不能如是，安可谓上齐诸佛？答曰：神通变化，亦是梦幻泡影，非真实法，一入性海，便如洪炉点雪，踪迹全无，安得向真实法身，求虚妄法？且譬如婴孩既是人身，何以不能煮饭缝衣，劈柴烧火，做成人事业？学者但保任此一性，即入真如三昧，久而久之，一切神通光明，自然皆得，便能坐狮子座，说十二部经，有如婴孩长大，便能做成人事业也。

中国数千年来，宗教复杂，异说竞鸣，社会上受外道影响，习染甚深。所以有一班人一谈到禅，便邪正混淆，纠缠不清，甚且以伪为真，以真为伪，若不揭出，则玉石难分。宗门禅，唯一心法，一彻百了，无所谓境界次第。历代祖师语录中，言之甚详，毋庸再赘。但一谈到外道，则名目繁多，如丹田、气海、还丹、守窍、命门、督脉、尾闾、泥丸、丹、鼎、炉、铅、汞、阴阳、坎离、抽添、龙虎、婴儿、姹女、五气朝元、三花聚顶、炼精化气、炼气化神、先天后天、文火武火、五行八卦、原人祖窍、三期普度、一步直超、弥勒收圆、三教合一，如是种种，笔不胜书，此皆与佛家禅无涉，有志学佛修禅者，须详加研究，方不至误入歧途，自绝慧命！若自揣智解浅陋，真伪难辨者，则必须亲近善知识，询请法要，如瞽者依附明眼识路人，亦能到达，否则误趣深渊绝壑，不至糜躯碎骨不止也。

时当减劫，世界恶浊，人寿由八万四千岁，减至今日，仅余五十岁，阅此数字，便可知众生恶业苦果，目下若何严重窘迫。自今以后，三灾期近，人寿将愈短促，福慧将愈浅薄，生活将愈困苦，嗜欲将愈沉迷，贪嗔将愈炽盛，饥馑疾疫刀兵将愈扩大，邪说将愈猖獗，佛法将愈凋残，兴念及此，安得不忧心如捣，涕泗纵横？综上种种迹象，可知世人习禅，难于成就。倘若一生不能了道，则隔阴之谜，将使定静之业全湮，贪嗔之念复起。行见佛果未圆，三途先堕。故学者不论修禅不修禅，亦不论属何宗门，修何方便，在此急迫时期，均须以净土为辅助，至少念佛功课，要占一半，宁可有净无禅，不宜有禅无净。如此则身死之后，便离开此土，生于阿弥陀佛极乐世界，所有习禅学道未了之功，均可在极安乐优美之环境下，继续修习，直至成佛，不限年数，此法为弥陀释迦所提倡，六方诸佛所护念，千稳万当，有修必成。舍此之外实找不出一更好办法，以为补救，寄语禅宗门下客，请一诵"有禅无净土，十人九蹉路"之偈，以自警惕！切勿自信太过，再蹈三生石上旧精魂之覆辙，幸甚！亦不必恐有所修夹杂，或喧宾夺主之弊，须知念佛至妄情尽遣，唯余一佛时，便达一心不乱境界。再续念至能所浑忘，依正消失时，一真法界便宛尔现前，此时的心念，便是无欠无余的无上深妙禅，故净土通禅，唯智者能解，彼拘泥于门户之见者，徒见其于禅净两途，俱属门外汉耳。

本人虽禅净兼修，然迄今估量自己禅功，是否能了生死？则答案很直截爽利的是"否"字，所以心中觉得非常惶恐！始终仰仗他力，丝毫未敢放弃净土，离开弥陀的怀抱。因之我觉得念佛法门，不特与禅不悖，且是习禅学子之恩物，简直一刻都离它不得，倘释尊不开此法门，则学禅人便十有七八不能出三界，了生死。所以习禅兼念佛，犹如寄双挂号信，多加一层保障，心中便安定了许多；亦如女人出嫁，一半是生活问题，一半是归宿问题，学人修净土时，欣净厌秽，离苦求乐，此是生活问题，由往生至成佛，中间三大阿僧祇劫的托身处所，此是归宿问题。行者若尚有一分习气未尽，则尚有生处，既有生处，设因地上，不与任何佛结缘，得其护摄，则决不生佛国。不生佛国，便落六道，所以习禅不修净，是极其危险之举！禅净四料简说："阴境若现前，瞥尔随他去。"阴境包括至广，所有八识田中，自无始来一切种子，和吾人生平习染嗜好，都可能映现。若现杀盗淫的阴境，亦随他去，则岂不堕落三途？所以随他去后之情状，真是触目惊心，不堪设想！习禅而堕三途，当非行者始料素愿所及，然而事实则竟如此，怎不可畏？此中自含有学理在内，说来话长，并非故作危言耸听，永明延寿禅师，著《宗镜录》一百卷，对于禅义，发挥到略无微蕴，吾人读其巨著，便可想见此一代宗匠之禅功造诣，是如何湛深博大，但他却日课弥陀十万，求生极乐，似此禅门龙象，尚寄双挂号信，尚借助净土，可知净土之于禅，不特并无冲突，而且是要素，是良佐，盖习禅之难于成功，其重点即在不受后有一着，倘若习禅而未断后有，则其弊将如画虎类狗，但是念佛法，相反的却是专门对治后有的法门。所谓后有者，换言之，即死后再受生之谓，念佛人仗佛愿力吸引，必生极乐国。凡生该国之人，以缘胜故，必不再受生，故此一禅门难题，却被净土门轻轻地解决了。今若以净之易，补禅之难，的确是最佳方便，马鸣菩萨造《大乘起信论》，却于篇末特别介绍念佛法门，其用意即在于此。

禅功种类，有世间禅、出世间禅、出世间上上禅之别，前段已略言之。如四禅、四空定、四无量心、十六特胜禅、通明禅等，皆属世间禅，为凡夫所修；九想观、八念观、十想观、八背舍、十一切处观、八胜处观、九次第定，狮子奋迅三昧、超越三昧等，皆属于出世间禅，为二乘所修；法华三昧、念佛三昧、般舟三昧、觉意三昧、首楞严三昧、及九种大禅等，皆属出世间上上禅，为菩萨所修。修以上各种禅定，不但并不容易，其中多艰难微细，若无师承及宿根，则决难成就。何况毛道凡夫，二障深重，于禅门法式境界，曾不了知，而欲躐等幸进，安望有成？故不如一齐休歇，唯契无心。无心即是道，即是菩提，亦即是一切禅定根本。根本既得，何愁枝叶？且较诸修习各种禅定三昧，其难易有天渊之别。此所以禅门一往不修习各种三昧，唯教人放下一切，休歇无事去。唯教人明本自心，见本自性，更不着一些子造作。如此则大总相法门体，自然在抱，有体便有用，更何必舍本逐末为？

修禅当修净土，前已言及。然则修净土是否亦当习禅？以及修教乘、修持律、修密宗，是否悉当修禅？则颇有研究之价值。经研究后，而其答案则悉为当习。今请试述于后：修净当修禅者，念佛为定学，而禅那则为慧学。既然净土通禅，不至无慧。但总是定多慧少，何况净土是三根普被，利钝全收的！钝根劣智之流，并不解真实法，纵能念佛，终蒙接引往生，然毕竟是仰仗佛力，乃有成就。只因未悟实相故，虽生而生品不高，智慧较劣。这在极乐国便要多费时间，渐修慧业。今若定慧均等，双轮齐运，则决定生品高超，神通具足，不多费功，便证大果。禅净四料简云："有禅有净土，犹如戴角虎，现世为人师，来生做佛祖。"以是理由，故修净当习禅也。

研教当习禅者，经论如手指，自性如明月，千经万论，都是说此一性，如千手万指，都是指此一月。今若不习禅功，不曾见性，虽读破三藏典籍，终在指头上打交道，却一直不曾见过月。既不曾见月，则纵能解义，总是落名相边、落文字边、落理解思维造作边；而经中所说示的自性，则反而不能理会；如彩盒藏宝珠，设若有人尽在盒子外面，研究其花纹颜色形式，而不知鉴赏盒中之珠，则完全失却意义作用，此六祖所谓心迷法华转。今若深悟实相，彻见自性之月，则于经论横说、竖说、深说、浅说，无不通达。觉字字句句，皆入法界，汇性海，大有左右逢源之乐，此六祖所谓心悟转法华，以是理由，故研教当习禅也。

持律当习禅者，持律即守戒律；《大般涅槃经》说："一切众生，皆有佛性，虽有佛性，要因持戒，然后乃见。"可知持戒目的，在于见性。其方法可分为三个阶段：第一阶段先用止持戒条，息诸恶念恶行，勿令生起，俾拔除烦恼。第二阶段，是次用作持戒条，促诸善念善行，使之生起，俾熏习德慧。第三阶段，是善恶俱舍，豁然见非善非恶之真如自性。今若只知持戒，不兼修止观，运用内照工夫，则至多只能做到第二阶段为止，决不会达成第三阶段；不达第三阶段，则最后真正目的，终不能实现。且因不达实相故，其果位不过人天，实效但余净种，为将来净用胚胎。但若兼习禅观，辅翼持戒，则情形便大不相同，便能以般若空三轮，以了智见法性。根利者，便可立见不生灭心，悟诸法本来不有，无起无灭，无善无恶，无毁无持，无修无得，不可说示，而湛然常寂；根钝者，亦能渐渐开悟，终证无生。此较之不修禅观，但知守戒者，省力何止千百倍，以是理由，故持律当习禅也。修密宗法当习禅者，密宗倡即身成佛义，发挥阿字本不生理，行三密加持，注重念咒。但是，成佛必先见性，若不见佛性，安能成佛？阿字本不生，此亦指自性，世间形形色色之事物，皆因缘所生，唯识所现，故不合无生之旨。唯自性湛寂常恒，等虚空，遍法界，上起无始，下逮无终，昔不曾生，今亦不灭，故称本不生也。《大日经》云："云何菩提？谓如实知自心。"而《经疏》云："本不生即是心实际。"由此可知，密宗亦重见性，而见性是禅宗分内事，倘未见性，不得列宗门，此所以禅密有合流之必要也。至三密加持，念诵真言等法事，若内不依佛性，即如无根之草，无源之水，失所凭借，则功效将大减。所以欲求三密一如，真言生效，仍须习禅见性，彻悟心源，方有大功用。以是理由，故学密当习禅也。总之，自性是一切根本，为宇宙源、万法母。行者但握其枢机，则舒卷自如，动定悉是，无法不达，有修皆成，禅为佛法中心，于此益信。

道生尝言，阐提亦有佛性。（造十恶五逆重罪，堕大地狱人，谓之阐提，极恶之义也。）众以为邪说，噪而逐之，遂至虎丘，聚石为徒，为之讲阐提成佛义。毕，问曰："如我所言，合佛心否？"石皆点头。迨后《大般涅槃经》，全部到中国，果言阐提亦有佛性，亦当成佛，众始知愧。其时中国佛教尚未发达，经典来者无多，法门并未具备，禅门直指一心，见性成佛之旨，尚未介绍于中国学者，无怪一阐提成佛之义为邪说。此义在禅理上极为重要，若不了解，无以知禅，故特为剖析于下：

自性之在有情，唯虚空可为譬喻。虚空无物，故非晴阴；自性无物，故非善恶。虚空不知何时，有日月星辰罗列其间谓之为晴；有风雷雨雾横生其间，谓之为阴。自性不知何时，有智慧德相含藏其间，谓之为善；有无明垢染留滞其间，谓之为恶。其实晴阴相续，气象变动，非虚空本态。善恶对待，万法纷起，非自性本态。认晴阴为虚空，与认善恶为自性，同一错误。所谓性善，乃超善恶之善，乃绝对的善，非相对的善。造十恶五逆，堕入地狱之一阐提人，对于自性，蒙蔽极深，障翳最重，亦如大雷雨风雹，天地晦暝，伸手不见五指，然当时虚空并不曾消失。且雷雨风雹自性，即是虚空自性，即雷雨风雹处，即是虚空。故无论风雨如何强烈，以虚空常住不变故，终不能不云消雨散，天清月朗，恢复虚空本来面目。造十恶五逆重罪人，堕入地狱受苦时，自性并不曾有毛发消失，且十恶五逆自性，即是真如自性。则十恶五逆处，即地狱受苦处，即是真如。阐提人在地狱受苦，有断绝终了时，而真如内熏之功，却永不断绝终了。《大乘起信论》说："无明染法，实无净业，但以真如而熏习故，则有净用。"又说："复次，染法从无始来，熏习不断，乃至得佛后则有断，净法熏习，则无有断，尽于未来。"缘染熏与净熏互为消长，故善恶二类种子在八识田中，异熟不断，苦乐果报亦相续不绝。假令善恶苦乐二报，互相抵消，但以内有佛性故，多了个真如内熏之功，尽未来际，永无断绝。此有力而永远不断的净法熏习，终于有一时期，使净种出头得势，厌世间苦，乐求涅槃，而得度脱。是为阐提佛性义，一切众生当来之世，毕竟成佛义，而无可非难。

禅心即是常住真心，而世出世一切诸法则纯是识。染识成世间种种法，净识成出世间种种法，而真如自性，则非染非净，非出非入。所谓染净出入，皆转识以后的相对名词。有了这相对名词出现，在三细六粗中，不只落能见相、境界相，却早演绎至计名字相、起业相、业系苦相的最后阶段了。习禅的目的，即是要从生灭心，恢复到原来不生灭心，转识成智，而证涅槃寂光的境界。所以学者习禅，切莫与识打交道。在禅功里面，若有丝毫识的成分存在，都应当除个一干二净，才能摆脱生灭圈子，而复不生灭性。行者在修禅时，若有见、有闻、有感觉、有思想，此皆魔业识神作用。皆是五尘落谢影子，藉禅定力，反映在五根门头的幻境。皆是无始无明识浪，在禅定力观照心之下，所显现的波澜，非是真心体相，切勿取着。设若取着，则"瞥尔随他去"，随他去了之后的境界，便与禅心脱离，进入魔业范围。此种魔境，将使行者失却定力，疾入三途。故凡习禅时，若现可观，可思，可闻，可恋，可悲，可怖，可喜，可爱，可触之境，悉当看守真心，不取不着，见如不见，则幻境自灭。乃至见于天像，菩萨像佛像，佛国庄严境界，或发神明光明，或佛菩萨对我说经，说法，手摩我头，如是等等，悉当摄心，住于正念，全不瞅睬理会，乃可免于魔事。至于身体上所现轻安，松快，气血流动，或暖或痒，亦都不理，务使心无所住，契于真常，乃能吻合禅理。须知常住真心，悉远离此等法，凡此悉是识在作祟。若认"识"为心，以"见"为道，便是认贼作子，劫尽家宝。尤其初习禅人，往往欣然告人曰：我某夜静坐时，忽见眼前有一道白光，由左向右云云，自以为此乃效验神迹。或云脊背上有一道热气，直冲向顶门云云，亦自以为此乃效验神迹。其实皆是大错特错，须知凡有所见，皆名为垢，悉是根尘和合，生妄境界。此种境界，都如梦如幻，不可迷执，试思常住真心，岂有根尘可着？《金刚经》内释迦自说："我于阿耨多罗三藐三菩提，乃至无有少法可得，是名阿耨多罗三藐三菩提。"佛于无上正等正觉，尚无毫发许可得，何况其他？所以佛门善知识，若遇人向之谈及禅功内，种种见证时，悉为之扫除妄见，教令摄心，住于正念，住正念者，即是无住无念，以无念故，得名正念，切勿误认六根妄识为道，则诸佛慧命，乃可相续于不断。禅门有偈云："学道之人不识真，只为从来认识神，无量劫来生死本，痴人认作本来人。"其垂示后人，不可谓不明白恳切。

禅宗五祖弘忍，令门人各造偈一首，以觇造诣。神秀偈曰："身似菩提树，心如明镜台，时时勤拂拭，勿使染尘埃。"五祖未加许可，时慧能尚在碓房舂米，闻之。亦请人书偈其旁曰："菩提本无树，明镜亦非台，本来无一物，何处惹尘埃？"五祖见已，以鞋拭去之曰："亦未见性。"然其后卒传衣法于慧能，为第六代祖。后人均以为慧能之偈，已能见性，五祖云亦未见性者，系恐如明言之，则争夺衣钵之流，或将不利于慧能也。此种见解，显有错误，今申述于下：神秀偈：首一句有身有树，第二句有心有台，第三句有拂拭，第四句有尘埃，全偈着有，把自性沉埋在景物造作之中，而杳不可见，其见解同于凡夫。慧能偈：首一句无树，第二句无台，第三句本来无，第四句毕竟无，全偈着空，拨自性于空无之中，而亦不见，其见解同于二乘。缘自性非有、非无、非非有、非非无，故堕有无二边者，皆未见性。可知谓慧能偈亦未见性，并非謷言。二偈相较，神秀偈离性太远，且"时时勤拂拭"句，明明是渐教作风，与禅门顿悟宗旨不合。慧能偈虽亦未见性，但他毕竟能把客尘空个馨尽，客尘空个罄尽之后，所余者便是如实不空，便是自性，并非一切俱尽。可惜，他当时与自性只隔一层薄纸，未曾悟得。譬如画龙，鳞爪俱备，但须有人为之点睛，则不难破壁飞去。所以五祖心里，认为可以造就，而决定传授衣法。观于慧能于半夜潜诣祖房闻法后，豁然大悟，便言"何期自性，本自清净；何期自性，本不生灭；何期自性，本自具足；何期自性，本无动摇；何期自性，能生万法"。可知直至此时，才彻悟实相，发明大事，造偈时，尚未见心性也。观上述二偈，不特可以觇验能、秀二师之根器和见解，而其后南顿北渐攸之分，亦以此两偈为嚆矢。学有互异，事非偶然，知弟莫若师，明如五祖，固已了了于胸矣。

凡读过《金刚经》者，皆知全经警句为"应无所住而生其心"，或"应生无所住心"。的确，此一句是全经精髓，禅门圭臬；同时也是佛祖降世的本怀。只因众生不解此义，有苦可拔，所以佛祖降生，为说此法。若人解得此一句义，便能了解诸佛境界，证得此一句境界，即父母所生身，立时成佛，不须更落修为门路。昔惠明问法于六祖，六祖先令其暂时息念，善恶都莫思量，乃云："不思善，不思恶，正这么时，还我明上座父母未生时，本来面目来！"明于言下大悟。礼拜云：惠明枉在五祖门下三十年，今日方省前非，此所谓如人饮水，冷暖自知，行者（六祖此时尚是卢行者）真我师也。观此一段公案，起先人都以为六祖会对他说微妙法，或不传之秘。岂知乃仅教他证取无念心。再看下去，又以为六祖对他说出平平无奇几句话，惠明必不满意，不意惠明闻后，踊跃赞叹，自认在五祖门下三十年，落造作思维窠臼，枉费心力，实大错特错，而此时乃如梦初觉，了无遗憾。六祖虽能说，也亏他能信，单此寥寥数语，实足赅一大藏经教。罄西来大意，后人闻其说者，即无异面觐六祖，但信不信，就看各人的根机福慧了。今即以此公案，来解释《金刚经》警句，最初言"不思善，不思恶"，则心不着一切境界；心不着境，即是上半句"无所住"。继言见本来面目，既有照见之慧，卓然现在，则了智常存，灵觉不昧，即是下半句"生其心"。众生轮回生死，是由赖耶缘起，而阿赖耶识，是善恶和合。今若心念停止，不思善恶，则立即转阿赖耶识，成真如佛性。换言之，立即从轮回生死心，返回未起轮回、未受生死之本来心。既返本来，则轮回已离，但能不能永离，这就看学者会不会再起念着迷了。不起念，并不是看人不知男女，吃菜不知酸咸之谓，乃看人不着于色相，吃菜不着于味道之谓。果能看人时，心如镜子，了了分明，而不执着男女好丑相，即是不起念。果能吃菜时，心如筷子，了了分明，而不执着酸咸浓淡相，即是不起念。

但是，镜筷能得上半句"无所住"，不能得下半句"生其心"，所以不能成佛。（镜筷终当成佛，但无情器世间之成佛，那是随有情众生世间之成佛而成佛，所谓依正一如，又当别论。）是以若但无所住，而不生心，则同外道无想定。何以故？误以自性为断灭故。若但生心，而不无住，则同于凡夫，何以故？妄见自性有流转故，此所以必须有心而又无住，才是原来一尘不染的妙明真心。若人会得"无住生心"奥旨，便能的的见性，便能穷生死源，便能破见思惑，便能见诸佛法身，与诸佛携手。此外，若更有修为者，倘依正法，但名渐教，以其不解顿悟也。倘依邪法，则名魔外，以其不合无生旨也。珍重珍重，幸勿以等闲视之！

佛教中蕴含有甚深微妙义，能生无穷作用，并不是三言两语所能尽，不深入其中不知也。世人往往以为烧香、磕头、念经、持斋、守戒，即是代表佛教、佛法，除此之外，佛教葫芦里面，究竟卖的是什么药？则很少人知道，这是不看经论的过错。哪晓得佛教的真正大事、真正意义全不是烧香、磕头、念经、持斋、守戒这一回事，烧香、磕头、念经、持斋、守戒，不过是入门、是初步、是表面、是辅助、是熏习、是皮毛，而佛教的真正目的，则在明自心，见自性。在把一般世人，从升官发财、声色货利、妻子衣食、悭贪诡诈、忿恨痴爱、忧患苦恼之心理和环境下，抢救出来。换了个光明正大、欢喜安乐、冲虚解脱、清凉自在、寂静洁净之心理和环境，使之个个享受如来甘露法味。利根上智之士，得到佛法的正觉之后，便立能在闷热中感到清凉，苦恼中感到安乐，纷繁中感到寂静，恶浊中感到庄严。何以故？佛性中无闷热、苦恼、纷繁、恶浊等诸法故；如是诸法，皆无自性，不能自生，唯是众生妄分别心所生起故。缘佛性中本无一物，所以习禅见性之人，悉能远离此等妄法，处秽如净，以第一义谛庄严其身。若愿生极乐国，命终之后，必定上品上生，福慧俱足。若不愿生极乐国，则天上人间，皆可随意寄托与净土等。声闻初果须陀洹，断三界见惑，七生七死，便成阿罗汉，永脱轮回。彼小乘初入圣流者，只断见惑，未断思惑，其效果尚且如此，何况参禅见性人，均系利根上智，在大彻大悟之后，佩佛祖最上乘离文字心印。虽惑业未断，习气犹存，然法身具备，便可上齐诸圣，更非声闻小智之流所可比拟。譬如频伽在彀，已具清音；狮子初生，便殊群兽。所以佛徒欲出三界，竭生死流，必须参禅得髓，看教明心，或观佛称名，一心不乱，方能成办。不然戒定虽闻，贪嗔悉在，纵经劫至劫，尚未脱轮回也。

　　台湾地区佛教尚发达，然多小乘根器，欲求了解大乘法者，殊不多观。佛陀降世之真正目的，不在小乘，小乘乃其化城，并非宝所，《法华经》固已言之。考释尊一生五时敷教中，说《阿含》《方等》，皆属方便；说《华严》《般若》《法华》《涅槃》，才是本意；说十二部经，皆属方便；拈花示众，才是本意。以根有小大，故教有权实，必也小大不遗，权实互摄，而后法门乃备。今奈何局于权小，不思向大，譬如弃沧海而恋蹄涔，岂不使有识之士，怃然兴叹？且到处神庙充斥，自关公、城隍、玄帝以至无常鬼卒，皆为膜拜对象，《玉皇经》《灶君经》皆为讽诵经典，弃自己之骊珠，赏他人之鱼目，而以佛拜鬼，大是奇闻，颠倒痴迷，莫此为甚。每遇神诞，猪羊鸡鸭之肉，与《金刚经》"无我相，无人相，无众生相，无寿者相"之句，纷然杂陈，同属案头清供，盲行瞎步，不知其非。此外似宗教非宗教之团体，及欧美盛行之教，不得志于大陆者，悉以台湾为尾闾，致使黄钟长弃，瓦缶争鸣，正法荒凉，异端蜂起！而如来离尘宝性，无字真经，遂如在璞琼瑶，随波菱藻，解缠何日？返本无期，所愿大德比丘，在家菩萨，作狮子吼，树正法幢，相与弹偏斥小，叹大褒圆，回佛日于西山，挽法轮于东土。体瞿昙自证之心，弘迦叶无言之教，务使性性圆明，见灵山于未散，灯灯相续，延慧焰于无穷，则幸甚矣！

净话

一、引言

我曾经发表了一篇"禅话"，里面是拉杂地说着禅，因为不成禅法，所以只好叫作话。现在又鼓余勇，来写这一篇净话。原因是觉得禅净不可分，而这二门又是我生平的嗜好，已成痼癖，终不能有所偏重偏轻，所以写禅之后，又来写净。只因在《禅话》里说了净，所以在《净话》里也说了禅，这是调剂轻重，如挑担子，要两头均衡。但是净土法经如古人说过的，有汗牛充栋之多，我又何必来添这蛇足。但是此中也有我的不得已处，并且恐怕有人没机缘，或没工夫看那汗牛充栋的，而此时看了我的"净话"，或许也可以做个外缘，引发里面已熟的种子。再不然也种种新净种，留作将来宿粮，如人积谷，饥时可食。且理虽一贯，说自万殊，天下有雷同之题目，无雷同之文章，文章不同，亦如锁匙不同，有的锁须用那一种匙开，有的锁须用这一种匙开。说不定有一把锁，等了无量阿僧祇劫，时节因缘，应该需要我这一把既锈且钝的匙，才开得起来，那么我就不能不动手了。

二、净土释义

净土两字，其意义为洁净之土，既有洁净之土，名为净土，则当然亦有污秽之土，名为秽土。在佛教里面，通常称阿弥陀佛极乐世界为净土，称吾人所居之娑婆世界为秽土。既有土必有人，凡事不离因果，谁人应生灿烂庄严之净土？谁人应生恶浊困苦之秽土？这都不是偶然的事，而是有其前因后果的，既有因果方法，则自可修种而得。生前循此种方法熏修，死后便可离开此方秽土。生于彼方净土，这方法在佛门名为净土法。净土法门所根据的经论：是《无量寿经》《阿弥陀经》《观无量寿经》和《往生论》，称为三经一论。此外如善导大师之《观经疏》《玄义分》《序分义》《定善义》《散善义》《往生礼赞》《法事赞》《般舟赞》《观念法门》，昙鸾大师之《往生论注》，道绰禅师之《安乐集》，以及《华严》《法华》

等经，《起信》《宝性》等论，亦为所据之书，皆属净土典籍。佛经既为佛所亲说，释迦且曾说过："如来是真语者、实语者、如语者、不诳语者、不异语者。"可知佛所说法，是极可信受，佛语若再不信，还要相信谁的语呢？但世间明明有许多人还不相信有阿弥陀佛，有极乐世界，更不信念佛号便可以往生。这如夏虫不信有冬、井蛙不信有海，总是福薄慧浅，故无能承受此最便捷之法门也。

三、念佛原理

念佛人死后，便能往生阿弥陀佛极乐国，这在近代科学家，或专讲现实人的眼光看起来，似乎亦如华胥国桃源洞，只是一个渺茫而无法证实的理想，只是宗教里面所标榜的一个类似希望式的目标。因此对他们说念佛会往生极乐国，或是念佛会成佛，即使不加反驳，大多数也都是笑一笑，表示并无其事，不妨姑妄听之的态度。修净土法，第一个条件是信，信若不立，则当然不会发愿往生，更不会立志修行了。信愿行三者，是净土三资粮，资粮不具，则法不得生，功不得成。反之若深信不疑，则自然会发愿，自然会修行，所以说来说去，还是以信为第一个条件。信分理信、事信两种，愚夫愚妇，不知法理，但相信念佛往生，实有此事，因而如法修行，结果亦会成功，此名事信。如病人不知药性医理，但信良医所开的方，决定可以愈病，服之而病果愈。但是少数知识阶级则不然，此一类人，绝不愿盲从附和，必须先说出理由来，使他们认为确有至理，确是十分满意，然后才心悦诚服，不再动摇信念，才肯发起行动，此名理信。如病人先自研究病情药性，然后服药，则绝不至为庸医所误。因为此一类人明理之后，其信心至为坚定，永不动摇，且能发起种种愿行，所以是法门中中坚分子，至可宝贵。但是，念佛法虽极简单，然而含理则甚深广，至心念一句南无阿弥陀佛，其功用是赅罗八教，圆摄五宗，而了无剩义。但是其中真正有多少含义，唯佛与佛，乃能知之究竟。除佛之外，即使十地菩萨，也无法遍知，我辈凡夫，更不足道。所以此一段的标题，虽然写的是念佛原理，但是究竟能说出原理的百分之几，就不得而知，恐怕只是一个微乎其微的数字。并且平时记得的道理，到了把笔时，又忘记了一部分。但是少虽少，也不能不写，所有阙略的地方，只好留待别人去补充了。

（一）弥陀愿力以愿引愿

据《无量寿经》所载，久远劫前，现在的阿弥陀佛，在那时是一个由国王出家的和尚，名曰法藏。因发心成佛，在世自在王佛前，发四十八愿，其中第十八愿、第十九愿、第二十愿，这三愿范围最广，于一切众生，最为贴切得用。第十八愿说："设我得佛，十方众生，至心信乐，欲生我国，乃至十念，若不生者，不取正觉，唯除五逆诽谤正法。"这是说称其名号，十念必生。第十九愿说："设我成佛，十方众生，发菩提心，修诸功德，至心发愿，欲生我国，临寿终时，假令不与大众围绕，现其人前者，誓不成佛。"这是说凡曾发愿，愿生其国之人，到了死时，他必来迎接往生。第二十愿说："设我成佛，十方众生，闻我名号，系念我国，植众德本，至心回向，欲生我国，不果遂者，不取正觉。"这是说凡作功德之人，若愿把所应得之福报，回向求生彼国，必得往生。以上三愿的末尾，都有若使做不到，誓不成佛的誓词，但是现在法藏和尚，已是成佛了，佛号阿弥陀，国名极乐，因他究竟成佛，可知以上三愿，业已完全实现，若不实现，他是决不成佛的，这是后世念南无阿弥陀佛之由来、回向功德之由来、发愿往生之由来。愿是发自衷心，有不可思议之力量，佛以大悲愿，接引众生，其效力不可思议，众生以恳切心愿，愿生彼国，其效力亦不可思议。一是愿接，一是愿往，两不思议，合二为一，其决定程度，便如水就海，不达目的终不止也。

（二）二忆功深感应道交

佛发愿，其愿心生出一种力量，此种力量，专门吸引十方世界念佛众生。吾人念佛，愿生极乐国，其愿亦生出一种力量，与佛愿相应，此即感应道交。《楞严经·大势至菩萨念佛圆通章》载：释迦佛问诸大菩萨云："你等当初修行时，以何因缘？修何方便？以致今日成为大菩萨，请大家当众述出，以便在会诸众，及后世众生，作为法则。"于是大势至菩萨，与其同伦五十二菩萨，即从座起，顶礼佛足，而白佛言："我忆往昔，恒河沙劫，有佛出世，名无量光；十二如来，相继一劫，其最后佛，名超日月光。彼佛教我念佛三昧。譬如有人，一专为忆，一人专忘，如是二人，若逢不逢，或见非见，二人相忆，二忆念深，如是乃至从生至生，同于形影，不相乖异。十方如来，怜念众生，如母忆子，若子逃逝，虽忆何为？子若忆母，如母忆时，母子历生，不相违远。若众生心，忆佛念佛，现前当来，必定见佛，去佛不远，不假方便，自得心开。如染香人，身有香气，此则名曰香光庄严。我本因地，以念佛心，入无生忍，今于此界，摄念佛人，归于净土。佛问圆通，我无选择，都摄六根，净念相继，得三摩地，斯为第一。"此是佛念众生，众生念佛，二忆功深，发生感应，故其力量不可思议。今请以一事为证明：《二十四孝》书中说过：曾参事母至孝，因家贫，时往山中砍柴。某日参往山中，家中适有客至，其母欲参回家，乃暗自啮指，曾参在山，即觉心痛，遂急还家，其法屡试皆验。观此一段记载，知母是慈母，时念其子，子是孝子，亦时念其母，形体虽异，心念凝合，故母啮指而子心痛。世人母慈未必子孝，子孝未必母慈，或母子俱不慈孝，故不生感应。凡夫心念互摄，尚且如此，何况佛之心愿，如月印万川，有水皆现，所以净土是自力兼他力，为他宗所不及。此理超过物质，非科学家和现实浅见之流所能了解。

（三）偏重则堕偏多则倾

偏重则堕，偏多则倾，这是物理的现象，但在心理上也是一样。吾人的思想和行为，即是十二因缘中的无明、行，或爱、取、有，所以生平那一种思想或行为的偏重或偏多，其回熏力都会引发八识田中，已熟之同类种子，使之生起现行，而决定未来受生受报的动向。譬如杀生之思想和行为，偏重偏多，则会堕畜生道，世世被杀。更厉害点，则堕地狱道，经极长时间，宰割不停。如邪淫之思想和行为，偏重偏多，则会堕雀鸽鸳鸯中，或膀胱阴道，及花柳病中之微生虫。更厉害点，则堕地狱道，经极长时间，泡在粪尿中。凡作恶心浊，则现秽境，作善心清，则现净境。根据此种理由，可知念佛人，时时刻刻念佛、忆佛、亲近佛，综其一生之思想和行为，所偏重处在佛，所偏多处亦在佛，将来舍报之后，不到佛境界，还到何处？这是至理，凡夫肉眼虽看不到，但是凡有心识，都是可以推想得到的。

（四）欣则神往厌则心离

念佛人，对吾人之娑婆世界，应作种种秽浊痛苦想，使之厌恶。照心理说，厌则欲离，离则出此世界。相反的，对阿弥陀佛之极乐世界，则应作庄严安乐想，使之钦慕。照心理说，欣则欲往，往则生彼世界。今日一欣一厌，心理既成，则将来形体一脱，离此生彼，自如箭离弦，顷刻即到。譬如拉车者，前挽后推，则进取自如矣。

（五）借一遣万以净破染

照学理说，有念则有生处，无念则无生处。一切众生，自无始以来，其心中总是念念不停，故亦生生不已。缘时间太久，积染太深，习惯已成自然，所以这心波的一起一伏现状，很难使其停息，心波不停，则轮回终不止。佛知其如是，故采用以毒攻毒，用兵止兵的方法，索性把自己的名字，借一切众生去念，一切众生当念佛时，既一佛念先在，万念自然都无法掺入，要等到佛念走了，然后万念才能楔进去，此是借一遣万。又一切众生当念佛时，既净念先在，染念自然都无法掺入，要等到佛念走了，然后染念才能楔进去，此是以净破染。佛念是见佛的正因，净念是往生净土的正因。因若深种，果自完满，虽有念必有生，有生必有苦，但生于佛国，领略自性庄严，实证唯心净土，与生于据业受报的秽土，是不能混为一谈了。

（六） 引发佛种压抑异类

吾人八识田中，十法界种子具备，不特具备，并且亦都具熟，专待自类外缘引发，才会生起现行。今兹念念向佛，则引发识田中佛种子，使之显现佛国境界，享受佛国生活。既到佛国，因净缘偏胜，环境优良，故善业时时增上，惑业时时退减。愈增上便日益昌炽，愈退减便日趋淡萎，所以自往生以后，第八识中的杂染种子，始终没机会出头，没机会生起现行，既始终没机会出头，即等于无杂染。直到第八地，俱生法执之现行，已永伏不起，十地过后，入金刚喻定，以金刚后心，破俱生法执，尽转所知障为菩提，成大圆镜智。尽转烦恼障为涅槃，成无垢识。到此时，不论善恶种子，都一律转智，举异熟而空之。异熟既空，果报亦尽，尽未来际，唯受涅槃第一义乐。《大般若波罗蜜多经》第五百二十五卷云："佛告善现，若善男子善女人等，下至一称南无佛陀大慈悲者，是善男子善女人等，穷生死际，善根无尽，于天人中，恒受富乐，乃至最后得般若涅槃。"所以一句弥陀，其效力空前彻后，直护送行者过十信、十住、十行、十回向、十地、等觉，五十一位，历时三大阿僧祇劫，至于成佛，安乐自在，无灾无难，佛号之不可思议如此。

（七）自性功德现庄严境

佛及一切众生之自性，等无差别，自性本是一无所有，但这是就真谛的方面而说、就体的方面而说。若就俗谛的方面而说、就用的方面而说，则能现境界，起行为，六祖所谓"何期自性，能生万法"是也。凡夫所生万法，是缘无明垢染行，故发为境界时，是充满恶浊，这是来路。行人所生万法，是缘智慧德相行，故发为境界时，是无限庄严，这是归路。世人念佛时，即心是佛，心既系佛心，在理境亦佛境，但以色身尚未衰谢，娑婆业力尚浅，故功德未能开显，直至世寿告终，此方果报已无复牵缠。一方面佛力及自心定慧力，开始发为净妙境界，因是六根所接触的，悉为可意法乐。所谓七宝行树、四色莲花、金地宝池，皆自性中本有物事，非从外来。即整个极乐世界，也都是我们自性中所固有，说生说离，其实是未尝生未尝离，如梦中旅行，总是不曾来去。故古德云"生则决定生，去则实不去"即是此理。但若不借重一句佛号，则自性宝藏，亘亿万劫，始终沉埋在重重业识之下，无法开展，恐怕多数总是在三恶道中讨生活，所以说佛智难及，佛恩难报，而佛号之不可思议，亦可概见。

（八）心秽土秽心净土净

十方世界，既有秽净之分，然则谁应生净土？谁应生秽土？一切法既不离因果，此事当然也在因果之内，并非偶然。经云："应观法界性，一切唯心造。"可知秽心所缘起之报土为秽土，净心所缘起之报土为净土。吾人之娑婆世界，为五浊恶世，凡圣同居秽土，所以除佛菩萨垂迹度人外，余者皆秽心所生。至于沟中之蚊、粪中之蛆、肠胃中之蛔虫、脓血中之生物，则悉为至浊心所显现。故云：业不重不生娑婆，此即心秽土秽之义。反之，此土人若一心念佛，心既由秽转净，土自亦随之由秽转净。加之佛以愿力慈光摄引，则当此一期无常结束，报体死亡之时，此方秽心业报甫尽，秽土隐没，彼方净心业报，便立予瓜代，显现自性中一尘不着之净土，此时极乐世界便全部涌现，此即心净土净之义也。

四、净土与禅之关系

隋唐以降，禅宗和净土宗，始终立在相反的地位，甚至有如冰炭，互不兼容。赵州说："佛之一字，吾不喜闻。""念佛一声，要漱口三日。"照禅门规矩，谁念佛一声，要罚挑水洗禅堂。硬把释尊所赐给的醍醐，指为毒药。这并不是一个个禅师都不懂教义，硬死板地仇视金口亲宣的净土三经。度其用意，无非恐怕禅和子心虑不纯，见异思迁，以致两俱无成，故不得不抵排异己，存其本宗。此种举动，谓为苦心则可，谓为狭窄，则并不是禅门的知己。直至宋永明延寿禅师，以法眼宗第三代祖师的资格，竟打破旧例，毅然地正式提倡禅净双修，以身作则，并且作禅净四料简。对于有禅无净则说："有禅无净土，十人九蹉路，阴境忽现前，瞥尔随他去。"对于有净无禅则说："无禅有净土，万修万人去，但得见弥陀，何愁不开悟？"竟公然扬净抑禅，但这也是实话。唯其如是，愈见得他的见地，是以全佛法为立场，廓然大公，曾无丝毫门户之见，芥蒂其间。因为他的学问道德，为时人所景仰，故不但无人反对，而且学禅的僧众也都跟着兼行念佛，把以往的成规彻底推翻。其后如楚石、中峰、天如、憨山、彻悟等诸大禅师，率皆禅净兼修，一直沿至今日。佛门的早晚功课，便成为有禅有净的道场，造成禅净合流，化以往的冰炭为水乳，永明禅师的功德真是不小。

世人闻说净土法是从有门入道，禅法是从无门入道，因是便以净为有，以禅为无，这是绝大错误。它是忽略了"入"字的意义，以致横生边见。譬如甲乙二人，同往城中公园，甲从东门入城，乙从西门入城，照二人的行踪，是相反的，但是结果则同到公园，不得以其从东西两门入，遂指甲为东，指乙为西。学道的目的，是在明心见性，彻悟本来际地。禅是凭空万法，万法空时，真体自见，因其一开始即单刀直入，无有万法，故谓之从无门入也。净是先统万念为一念，然后再就一念，观其生起之处，并此一念而化之，即能了悟真如，立见一法不生之自体，因其先有念故，故谓之从有门入也。其实二者殊途同归，最终都是会合在一起。所谓无不从此法界流，无不还归此法界也。修净土人，最终若不能化此一念，则自始至终，只抱定一尊外间佛，不见自性佛，如何能打开自家宝藏，坐十方道场耶？

禅门因推崇见性，排斥念佛，留有一偈云："一句弥陀五十年，分明掘地讨青天，而今好个真消息，夜半钟声到客船。"首二句言，念阿弥陀佛五十年，一向有所取舍，有所欣厌，深着佛见法见，以贪欲心，修有为法。若要见自家真性，悟无生宗旨，就好像掘地寻天，永不可得。下二句言，现在有个真正的好消息，那便是古诗所说的，夜半钟声到客船了。这原是借用前人夜泊姑苏诗的断句，全诗云："月落乌啼霜满天，江枫渔火对愁眠。姑苏城外寒山寺，夜半钟声到客船。"钟声是六尘中的声尘，客耳是六根中的耳根，声尘和耳根，都是死物，中间有个六识中的耳识，才是真正的有感觉者，有了它，才能听。有了这能听的耳识，自然就有了能了别的意识，有了能了别的意识，自然也就有了它的大本营，即所谓总识体的阿赖耶识。有了阿赖耶识，就有了它的根源真如自性。悟到了自家本源自性，见本来面目之后，便觉得这里一些儿物事也没有，所有耳根、声尘，乃至耳识，尽属妄起法，自无始以来，一向流转生死，都是为了迷一性而成八识，将觉海翻成情浪，因之妄见根身器界，生种种法，作茧自缚。现在好了，为了这一下古寺清钟，震撼到心源深处，一刹那间，哈哈大笑，直会拈花微旨去。此时觅心，心不可得，觅境，境不可得，大事既明，如丧考妣。耳根如是，他根亦如是，但能从一根悟道归本，他根也就同时归本。释尊坐菩提树下，夜睹明星，成最正觉，此是从眼根归本。智闲禅师，闻瓦片击竹作声，豁尔大悟，此是从耳根归本。《楞严经》药王药上二法王子，因尝药辨味，悟无生旨，此是从舌根归本。居士闻木樨香否？吾无隐乎尔，此是从鼻根归本。天慧澈禅师，因一头撞在柱上，痛极省悟，此是从身根归本。禅门教人看一念生起处，净宗教人参念佛是谁？此是从意根归本。根虽六殊，本则一致，一根既返源，六根悉解脱。不过古人从意根悟道者最多，因意根最猛利之故，其次则眼耳较多于鼻舌身。考其原因，为眼耳能离根取境，机会较多，鼻舌身则须合根取境，必待外尘碰着根，才生感觉，所以机会较少。《八识规矩颂》所谓合三离二者，此也。但世人每日自早至暮，无不以根接尘，究竟觉者是谁？所以若无佛法点破迷情，则三界人天，皆在漫漫长夜中，枉受诸苦，故佛恩不可不报也。上来一偈，若就禅宗来说，的确是好极，我只有钦佩之不暇，一点也不敢道半声的不字，但是说自己的膏药灵验，就免不了要说别人的膏药不灵，这便是落门户之见。何况净土门中，大势至、文殊、普贤、马鸣、龙树、世亲等诸大菩萨，慧远、延寿、袾宏、宗颐、清了、明本、唯则、梵琦、藕益、截流、省庵、印光等诸师，又岂是掘地讨天之笨汉？不过度此偈的用意，是鼓励见性，吾人以之作严师净友观可矣。他宗固非见性不可，但在净土宗见性固佳，若不见性，往生一事，也总可把握得住。既生彼国，虽生品不高，智慧较劣，但《阿弥陀经》云："彼佛寿命，及其人民，无量无边阿僧祇劫。"阿僧祇译为无量数，一阿僧祇劫，等于一千万万万万万万万万兆劫，接着又说："极乐国土，众生生者，皆是阿鞞跋致。"阿鞞跋致译为不退转，合这两点来看，寿既无量数，功夫又总是前进不退，即使成佛，也不过经三阿僧祇劫，即便了事，何况见性？所以死后既能往生，此时见性不见性？和将来生品高不高？都不是问题所在，既不是问题所在，自可不必十分强求，掘地讨天，纵使多掘几下，也便何妨，横竖不久便过着安乐优裕的佛国生活，即使迟几年见道，又有什么要紧？

　　永明以后，所有的禅门诸师，差不多都效法老太婆，口中念念有词，不但尽变一向鄙视仇视念佛的态度，并且转而俯就躬行。法眼宗自永明以后，竟变成念佛道场，因而覆了宗嗣。我知道云门山为六祖嫡派，五家分灯之一的云门宗发祥地，并知道新近出版的《云门山志》，内有现代禅宗泰斗，虚云大师的法语，为了要拜读这位老禅师的法语，所以也购了一本《山志》看看。一开始就先看他说的法要、开示、警语，都觉得非常满意，认为不愧为南方佛法所寄托。但是看到《山志》最先一幅云门祖师相片时，不知谁在他胸前挂了一串念珠，再看云公椭圆形的半身相片，他是双手捏念珠，正在念佛，次看他的方形全身相片时，也是手持念珠，合眼默坐，这些都是禅净合流的绝好暗示。而《山志》的最后一页、最后一首，云公赠萧云沧的律诗云："弥陀一念挂心头，四色莲花涌作洲。七宝地成尘秽绝，一身归计去来休。居同善友开因地，佛亦凡夫到圣流。汝自回光一返照，诞登彼岸有慈舟。"不禁哈哈大笑，一本《云门山志》，彻头彻尾都沾着净土的色彩。以一位名震中外的禅师，竟公开念佛，宣扬净土，这恐怕不是抱门户之见的缁流所肯为，而他竟毅然为之，愈见其廓然无我的真挚，非常人所及。而净土之为净土，亦并不单为老太婆所专利，而是确曾为一代禅师所青睐了。他敢于这样做，自然有他的充分理由，纵使像法眼一般，覆宗绝嗣，亦在所不顾，其理由安在？请明达者，一熟思之。

莲池大师作《弥陀经疏钞》，一开头便是两篇文章，把自性与《弥陀经》并列，其文曰："灵明洞澈，湛寂常恒，非浊非清，无背无向，大哉真体，不可得而思议者，其唯自性欤？混浊而清，反背而向，越三祇于一念，齐诸圣于片言，至哉妙用，亦不可得而思议者，其唯《佛说阿弥陀经》欤？"这是以自性为体，念佛为用，且明白指出念佛的作用，能使已混浊者，再变为清，已背道者，再变为向道。其下又说："念空真念，生无入生，念佛即是念心，生彼不离生此，心佛众生一体，中流两岸不居。"这种说法，明明都是带着自性弥陀，唯心净土的口吻，而加以发挥，完全是搬禅入净，以禅理来解释念佛法门。唯其如此，才能搔着痒处，这又是禅净合流的有力证据。

本人虽禅净兼修，并不是存心要作戴角虎，只因经过一番研究后，觉禅净两门，实如秋菊春兰，并皆佳妙，因此两边都放它不下，所以只好兼修了。或问：修禅要绝对的无相无心，修净要绝对的有相有心，这两下如何融会？答曰：念佛至一心不乱，便是禅定，参禅至彻见自性，即是净土，这便是融会。我念中照，为有相中无相，有心中无心，这是以净会禅，生极乐净土。我照中念，为无相中有相，无心中有心，这是以禅会净，生自性净土。我亦念亦照，亦照亦念，为亦有相，亦无相，亦有心，亦无心，这是禅净互融，生自性中极乐净土。极乐净土，和自性净土，都在介尔一心中，现不可得无所有法，性相皆空，所以说来去禅净，但是假名，尽成戏论。问曰：老太婆亦生，居士亦生，有何不同？答曰：老太婆只知生极乐国，我是深知极乐在自性中，无有来去生死，这便是不同之点。此外我奉劝念佛人，经教和戒律亦相当重要，不容忽视，行者要终身持五戒（出家人自有戒律在），随缘看看经论，方符合佛子正行。古人为求悟故，千里寻师，舍身求法，纵遇名师，往往随侍二三十年，不闻法要。今若从文字上，从知识处，悟得真诠，当起殷重心，生难遭想，且为报佛恩故，须行法财二施，济度众生，不但度人，亦是度己，菩萨利他，方能成佛，倘不发大悲心，终不成无上道。所以行人若不发大心，虽能破尽三界见思惑，证阿罗汉果，总被认为焦芽败种，不成法器。但是若资质鲁钝，除念佛外，不能看经行施者，则亦不必十分勉强，横竖极乐国无愚法小乘，利他一事，只好俟诸将来了。

五、持名法种种

净土法本来可分为三类，一者持名，二者观想，三者实相，修此三种法，都可以生于净土。不过观法微细深玄，《观无量寿经》言之最详，似非末法众生所能行。觉照一法，又非中下根人所行境界。所以最普遍盛行的，只有持名一法了，凡心想彼佛，口念"南无阿弥陀佛"或"阿弥陀佛"即是持名，但持名复有下列种种不同方法，皆有其特殊作用，皆可随境随宜，变换使用，兹为易于明白起见，分别说明于后：

（一）高声念

高声念佛也，其效用可治昏沉，提精神，扫除杂念，且声音及远，能使闻者生起正念，但久念则喉干，音哑，伤气，故不宜久行。

（二）默念

只见动唇，不闻出声也，唯一字字亦须暗里分明，方生力用，此法可定心养神，尤其在公共场所，及不便出声之处，行之最宜。

（三）金刚念

声调在高声与默念之间，一句句能耳听分明，不走失，自然心定。

（四）追顶念

字句颇急，一声顶一声，中间不留间隙，故能使杂念无乘隙生起机会，唯久念稍嫌伤气。

（五）觉照念

一念念回光返照，向于自性，故感得心身虚灵超拔，善能生慧，在念佛方法中，唯此最近禅，但非中下根人所行境界。

（六）观想念

一面念，一面观想佛身相好，佛国庄严，使之存留甚深印象，久习纯熟，则命终时，弥陀宝相，极乐胜景，自然现前。但境界微细深玄，非身未历其境之凡夫所能想象。

（七）礼拜念

一面拜，一面念，或一拜一念，或一拜数念皆可，因身拜佛，口念佛，意思佛，此是三业集中，六根都摄，故效力最大，唯拜久则过于疲劳，故亦不宜久行。

（八）记数念

一边念，一边用念珠记数，此法系便于定课念佛，且有念珠在手，自易引起念佛心。

（九）记十念

每念十声，拨一念珠，这样便要一边念佛，一边记十数，心力用尽，便不能再生妄想了。

（十）十口气念

弥陀四十八愿中，有"十方众生，至心信乐，欲生我国，乃至十念，若不生者，不取正觉"之愿。据前人研究结果说：十念即是十口气，因此在念佛方法中，有所谓十口气念，其法系用追顶念，念佛号至十余声，则出气已促，势须抽吸进一口气，方能再续念时，谓之一口气，如是十次，谓之十口气。所以有一班极忙人，日夜腾不出念佛时间时，则可依照此种念法，每日合掌念完十口气后，再念下列《慈云忏主发愿文》一遍，便可算十分稳妥，计费时不及十分钟，纵使世间第一号忙人，也都可以办得到，临终也是一样能够往生，在各种念佛方法中，这可算是最方便的一种了。

持名有种种意义，其中最大者，即应佛愿心，和对治杂念两点。缘无始以来，一切众生皆未尝离念，故妙明真心，因习惯成自然，变为念念生灭、永无止境的状态，此即是生死根本，根深蒂固，还原不易。故虽当念佛时，其心境还是呈染净代兴的现状，所以若欲廓清染念，并非易事。这可以用两种方法来对治：一者心念耳听，一字字能听分明不走失，自然心定。二者用念珠记数，若一念分明，心不驰散，则拨过一珠，否则不论已念多少，这一串珠全都不算，从头再念起。古人偈云：

"念佛切勿贪多念，且念一百心不乱，九十九声一念差，倒转数珠都不算。"果能精严如此，必有奇效，又每念十声拨一念珠，或用三三三一制，或用三二三二制，皆在第十声毕，拨一念珠，如此既要念佛，还要记数，心力用尽，不能再起杂念了。这便是前面说的"记十念"，请一试之。

上列法则，皆可采用，不过有几种有它的长处，也有短处，这总在行者善于运用，或随宜更换而用，不宜死守一种法，以致蹈其弊病，有害身心。此外须知念佛与修禅迥异，修禅是不得有心有境，有能有所，有之则成为毒药；修净是不得无心无境，无能无所，无之则成为毒药，与禅相反。所以念佛时，要心境相对，能念之我，与所念之佛，要历历分明，丝毫含糊不得，心中尽管厌此土之秽浊痛苦，欣极乐国之清净安乐，尽管舍弃此方，乐取彼土，尽管执我执法，并且愈恳切愈有心则愈妙。二六时中，要把欣厌取舍之心，发挥到愈高度，则其效力便愈强大，不这样便敌不过多生惑染，和此方的业力牵缠，环境引诱。这时便是佛力与魔力交战关头，若不能做到倾佛的这一念，绝对强大，结果便被魔牵，依然落在生死苦恼圈中，不得解脱。此中并不是佛力不够强大，只是我的心念不纯切，配合不上，所以便落伍了。念佛人要咬定一句佛，至死不放，养成习惯，临终才有把握。甚至要做到睡中会梦见佛像，或得噩梦，如被猛兽追逐，恶人打杀时，会念佛而醒，这才见得念佛力已渗透到意识深处，一旦四大将离，万念交攻时，这佛念才会特别强盛，压倒一切，迥然独露，而完成临终的正念。或问：行人要破我法二执，才能成佛，净土法门反教人执我执法，岂非背道而驰？答曰：修净土法，目的是往生，不是成佛，要往生佛国，就要修到念佛特别强盛，才会见佛，到了身死往生，可谓目的已达。至于历三贤十地，断惑证真，那是往生以后的事，所以往生以前，修诸善法，发起种种愿行，多多益善，其符号是加的（若就一念破万念，一行统万行来说，可算明加暗减）。到了极乐国之后，则须先作我法二空观，断分别我法二执，然后登地，破一分无明，证一分三德，要将俱生我法二执，破个罄尽，方始成佛，其符号是减的。所以在此时不妨生心生法，愈生便愈稳固，愈稳固便愈决定，横竖将来有个成佛的保证在后面，还怕什么执，此即所谓先以欲钩牵，后令入佛智也。

六、发愿往生

发愿是不可思议的事，愿是心里发出来的，是一种意志动向的表示，所以有不可思议的力量，修行人必须发愿。愿即是自动决定行为的目标，有了这目标，便有下手着力处。菩萨若不发愿，不能成佛，弥陀的四十八愿、药师的十二愿、普贤的十愿，都是先例。吾人离发愿度生的时候尚远，现在排在目前的，天字第一号的当务之急，便是修往生净土法。修往生法，就必须发往生愿，才能成功。《华严经》对于发愿往生的效力，曾这样说过："是人临命终时，最后刹那，一切诸根，悉皆散坏，一切亲属，悉皆舍离，一切威势，均皆退失，唯此愿望，不相舍离，于一切时，引导其前，一刹那中，即得往生极乐世界。"发愿有这样的效力，所以《阿弥陀经》里，曾三劝发愿，一曰："舍利弗！众生闻者，应当发愿，愿生彼国，所以者何？得与如是诸上善人，俱会一处。"这是说：彼国人皆上善，所以当发愿往生，与之俱会一处。二曰："舍利弗！我见是利，故说此言，若有众生，闻是说者，应当发愿，生彼国土。"这是说：念佛人若一心不乱，临终佛必来迎，所以当发往生愿。三曰："舍利弗！若有人已发愿，今发愿，当发愿，欲生阿弥陀佛国者，是诸人等，皆得不退转于阿耨多罗三藐三菩提，于彼国土，若已生，若今生，若当生。是故舍利弗！诸善男子善女人，若有信者，应当发愿，生彼国土。"这是说：今生若发愿，今生即往生，绝不待来生，所以应当发愿。综以上三段看来，发愿是非常重要之事，非做不可。古人愿文至多，大抵各人有各人之志愿，故亦有各人之愿文，但总不外表示愿生之意。兹略举数则于左，作为例子，吾人发愿时，或全用其文，或增减其文，或另制愿文皆可，但总须明白恳切，表示愿于命终时，即生极乐国之意。至于发愿仪式，可以不拘，或到寺庵中，跪在佛像前，将愿文读了一遍，再拜了佛即可。或在家中自设之佛堂或佛像前，行之亦可。再不然，即用红纸条写了"南无十方三世佛菩萨"贴在壁上，对之点一根香，磕三个头，即可发愿。但是无论对泥像纸像或纸条，总须与对真佛活佛一般，才会生效，这是借假佛，种自心中大愿种子，外面佛像佛名字，不过做个缘起、做个引子、做个证明。其实发愿时，自心知之，十方诸佛正遍知海，亦俱知之，自能证明，随喜，摄受，加被，阿弥陀佛是愿王，当然更是责无旁贷了。念愿文之前，当先念佛号若干，念佛号毕，便可以念："某年某月某日，众生某某，今在某某地方，发愿愿生阿弥陀佛极乐世界，恳诸佛菩萨，垂慈加被，阿弥陀佛及观世音菩萨、大势至菩萨，慈悲摄受，使我心不退转，愿不唐捐。"接着便可以念发愿文，念完愿文之后，再念"我今发愿，愿生阿弥陀佛极乐世界已毕"。再念佛若干声，便可算已发愿了，今生命终之后，便决定可以往生。以下是各种愿文，可作参考。

（一）莲池大师发愿文

稽首西方安乐国，接引众生大导师，我今发愿愿往生，唯愿慈悲哀摄受。

我今普为四恩三有，法界众生，求于诸佛一乘无上菩提道故，专心持念阿弥陀佛，万德洪名，期生净土。又以业重福轻，障深慧浅，染心易炽，净德难成。今于佛前，翘勤五体，披沥一心，投诚忏悔。我及众生，旷劫以来，迷本净心，纵贪嗔痴，染秽三业，无量无边。所作罪垢，无量无边，所结冤业，愿悉消灭。从于今日，立深誓愿，远离恶法，誓不更造，勤修圣道，誓不退惰，誓成正觉，誓度众生。阿弥陀佛，以慈悲愿力，当证知我，当哀悯我，当加被我，愿禅观之中，梦寐之际，得见阿弥陀佛金色之身，得历阿弥陀佛宝严之土，得蒙阿弥陀佛甘露灌顶，光明照身，手摩我头，衣覆我体，使我宿障自除，善根增长，疾空烦恼，顿破无明，圆觉妙心，廓然开悟，寂光真境，常得现前。至于临欲终前，预知时至，身无一切病苦厄难，心无一切贪恋迷惑，诸根悦豫，正念分明，舍报安详，如入禅定。阿弥陀佛，与观音势至，诸圣贤众，放光接引，垂手提携，楼阁幢幡，异香天乐，西方圣境，昭示目前，令诸众生，见者闻者，欢喜感叹，发菩提心。我于尔时，乘金刚台，随从佛后，如弹指顷，生极乐国，七宝池内，胜莲华中，华开见佛，见诸菩萨，闻妙法音，获无生忍，于须臾间，承事诸佛，亲蒙授记。得授记已，三身四智，五眼六通，无量百千陀罗尼门，一切功德，皆悉成就。然后不违安养，回入娑婆，分身无数，遍十方刹，以不可思议自在神力，种种方便，度脱众生，咸令离染，还得净心，同生西方，入不退地。如此大愿，世界无尽，众生无尽，业及烦恼，一切无尽，我愿无尽。愿今礼佛，发愿修持功德，回施有情，四恩总报，三有齐资，法界众生，同圆种智。

（二）慈云忏主发愿文

一心归命，极乐世界，阿弥陀佛，愿以净光照我，慈誓摄我，我今正念，称如来名，为菩提道，求生净土。佛昔本誓："若有众生，欲生我国，志心信乐，乃至十念，若不生者，不取正觉。"以此念佛因缘，得入如来大誓海中，承佛慈力，众罪消灭，善根增长。若临命终，自知时至，身无病苦，心不贪恋，意不颠倒，如入禅定，佛及众圣，手执金台，来迎接我，于一念顷，生极乐国，花开见佛，即闻佛乘，顿开佛慧，广度众生，满菩提愿。十方三世一切佛，一切菩萨摩诃萨，摩诃般若波罗蜜。

（三）大慈菩萨发愿偈

十方三世佛，阿弥陀第一，九品度众生，威德无穷极，我今大归依，忏悔三业罪，凡有诸福善，至心用回向，愿同念佛人，感应随时现，临终西方境，分明在目前，见闻皆精进，同生极乐国，见佛了生死，如佛度一切，无边烦恼断，无量法门修，誓愿度众生，总愿成佛道，虚空有尽，我愿无穷。

（四）回向发愿文

（做每一功德毕回向发愿之用）

愿以此功德，庄严佛净土，上报四重恩，下济三涂苦，若有见闻者，悉发菩提心，尽此一报身，同生极乐国。

（五）简单回向发愿文

（做每一功德毕回向发愿之用）

谨以此功德，供养弥陀佛，愿我命终时，即生极乐国。

（六）白话简单发愿文

南无阿弥陀佛，我现在发愿，愿我死了之后，即生极乐世界，求佛到那时来迎接我。

七、临终正念

临终正念，是念佛人所应有的，临终最后一念，其力量会决定来世投生的所在。世人临终一念，不离六道，念佛人一心念佛，且有佛力接引，必落佛道。在念佛工夫纯熟之人，当然临终会起佛念，但若平日工夫，未至纯熟程度者，临终为世念所缠，为妻子家人爱情所牵，不免净念为染念所盖，不得发露，一口气不来，据业受报，就不免落六道中去了。所以病危神昏时，很需要他人在旁助念，助念人当为病人焚香立佛像，击动法器，助其念佛，并劝其将一切世念放下，单提一句佛，自然可以往生。复须慰嘱其家眷属，勿得哭泣，乱病人心，助念人数，如有数人，则可以轮流值念，务使佛声不断，直至病人气绝身冷，方可停止。这在居士林或莲友间，都可成立助念会，立好会规，凡会友中任何人，若届病危，大众当往其家中助念。至于涤体穿衣，移动手足及哭泣等，则至少须俟咽气后八小时，方可行之，因六识舍时，即现死相，而来先去后之阿赖耶识，则尚未去，尚有感觉，若闻哭泣或被搬动，必生烦恼，致堕恶道，此事"饬终津梁"内，言之较详，可以参看。

八、篇后随笔

十方佛国，无非净土，《无量寿经》中，世自在王佛，为法藏比丘（阿弥陀佛为比丘时之号）现二百一十亿诸佛严净国土，皆是净土。《观无量寿经》中，释迦牟尼佛，为韦提希显现的十方诸佛净妙国土，亦皆净土。故实际上，十方佛土，皆可谓之净土，但是佛门所称之净土，则系专指阿弥陀佛极乐国而言，此为习惯使然。十方佛土，其数无量，有土必有人，凡法不离因果，并非偶然，彼土之人，能生其国，必有其往生之原因，彼既修此原因，得生彼国，我若亦照其条件而修，则同样亦可往生，所以十方佛土，皆可随意往生，不单是极乐国如此。但是，释迦及诸佛，皆赞叹介绍极乐国者，一因弥陀曾发十念接引之愿，其条件较其他佛国轻省，可以万修万成，二因单指一土，使行者心得专一，容易系念，《佛说灌顶经》中有云："普广菩萨白佛言：既十方净土，均可随意往生，何故经中赞叹阿弥陀佛国独多？佛言：普广！汝不解我意，娑婆世界人多贪浊，信向者少，心乱无志，为令趣向归一，易于成就，故偏赞一佛土耳。"这两点便是介绍往生极乐国的最大理由。

利根人往往重理轻事，钝根人又往往重事轻理，其实两者都是偏见，都是不合中道。但利根人不行佛事，是不为非不能，而钝根人不能看经论，则是不能非不为，当加原谅。倘若权其轻重，则执理废事人，其弊害较大于执事废理人。譬甲乙二病人，甲为病故，精研医学，但不肯服药；乙不知医学，但肯服良医药，结果甲死而乙愈。又如甲乙二女，皆欲生儿，甲入大学产科，深究生育法，但不肯嫁人；乙则出嫁，而不知生理，结果乙已为祖母，儿孙满堂，而甲则尚是老处女，有理无事之弊，一至于此。莲池大师疏《弥陀经》云："执事而迷理，类蒙童读古圣之书，执理而迷事，比贫士获豪家之券。然执事而念能相继，不虚入品之功，执理而心实未明，反受落空之祸。"说得很透彻。

禅宗以见性为成佛，不错，但这是名字即佛，不是究竟即佛，是因中涅槃，不是果上涅槃，因赅果海，初心即得菩提，依因约果，谓之为成佛也。若见性即成佛者，印度二十七祖，东土六祖，以及禅门诸师，当然皆已见性，但不闻佛号为何？释迦之后，要一直到第十小劫的减劫，人寿八万岁时，才有弥勒佛出世，这中间纵使见性者如麻，总没有一个能证无上正觉。所以见性尽管见性，若未历满五十一位，若未经三大阿僧祇劫，若未修六度万行，终不能成佛，这就是说徒有理而无事，是决不会成果上佛的。法华龙女，涅槃屠儿，他们都曾经过三祇炼行，百劫修因的，一示女身，一示屠夫，这只是一个表示，一个作用。

如释尊亦曾示为夜睹明星，顿悟成佛相，表面看来，似乎与事无涉，但他在《大方便佛报恩经》中，曾自说往昔难行能行，难忍能忍之事实。又曾在《大般涅槃经》中，自说为半偈舍身之事实。又在《金刚经》中，自说为歌利王割截身体，及五百世作忍辱仙人，又说过去于燃灯佛前，供养承事八百四千万亿那由他诸佛之事实，这些难道都不是事吗？若没有当初旷劫修行，安有此日之顿悟。这样看起来，像龙女屠儿之类，都是从前行过无数佛事，今生才现顿悟相，所以若论其果，有顿有渐，若论其因，则唯渐无顿，亦如不耕便不得谷，行者幸勿执理废事，欲不劳而获无因之果，想作龙女屠儿辈也。昔周利槃陀伽性钝，学诸法皆不成，佛教之念扫帚二字，尚且记扫忘帚，记帚忘扫，但他坚持此两字不稍懈，终至情忘惑尽，成阿罗汉。而阿难博学强记，多闻第一，佛呵其若不学道，滴水难消，而他亦直到佛灭度后，迦叶结集时，才成阿罗汉。吾人观于有事无理之周利槃陀伽，其证果却在有理无事之阿难前，则事之重要于理，可以概见。

学禅人唯冀一生了道，自信力太强，万不肯修净土，结果自是者反而自误，杨仁山先生注《佛教初学课本》，有云："佛学之高，莫如禅宗，佛学之广，莫如净土，禅宗拣根器，净土则普摄，今时尚禅宗者，轻视净土，岂知马鸣龙树，现身说法，早已双轮齐运矣。盖禅宗所最难处，在不受后有一着，倘死生不能自由，则隔阴之谜，绝不能免。就生平所见所闻，确有证据，从僧中来者，历历可数。上焉者，定境时时现前，眼中静夜发光，读书过目不忘，作文倚马可待，而劝其学佛，绝不肯从，此何故也？盖前生参禅有得，一味扫除佛见法见，扫得净尽，自以为超佛越祖矣，仅转一世，已至于此，再转几世，何堪设想？下焉者，当用功时，强制妄念，遏捺其心，如石压草，根芽潜萌，及至来世，杂染习气，一时顿发，贪财好色之心，倚修行势力，过人百倍，庸福享尽，死入三途，岂修因时，所逆料哉？亦有不受人身，而生天道者，美则美矣，其如报尽何？是等皆由未谙教义，发长劫修行之愿，欲以一生了事，自谓舍报之后，常住涅槃，而不知刹那之间，已受后有矣。然则如之何而可也？是在随根授法耳，利根上智，方可学教外别传之法，至彻悟心源后，仍须看教念佛，求生净土，以免退堕，追随永明楚石诸公，岂不伟欤？中下之机，唯应依教勤修，不可妄希顿悟，法不投机，徒劳无益，欲习禅定，有天台止观可学，次第禅、圆顿禅，行之均能获益，究极而言，必以净土为归，所谓百川异流，同会于海也。"金石之言，深堪猛省，愿天下后世学禅人，三复斯语。

《大宝积经》第九十二卷，佛告弥勒菩萨言："若有众生，发十种心，随一一心，专念向于阿弥陀佛，是人命终，当得往生彼佛世界。一者，于诸众生，起于大慈，无损害心。二者，于诸众生，起于大悲，无逼恼心。三者，于佛正法，不惜身命，乐守护心。四者，于一切法，发生胜忍，无执着心。五者，不贪利养，恭敬尊重，净乐意心。六者，求佛种智，于一切时，无忘失心。七者，于诸众生，尊重恭敬，无下劣心。八者，不着世论，于菩提分，生决定心。九者，种诸善根，无有杂染清净之心。十者，于诸如来，舍离诸相，起随念心。由是心故，当得往生阿弥陀佛极乐世界，若人于此十种心中，随成一心，乐欲往生彼佛世界，若不得生，无有是处。"由此可知行人于此十种心中，随成一心，乐欲往生极乐国者，即得成就，于净土法门，又别开生面矣。但文中有"专念向于阿弥陀佛"一语，大堪注意，可见总不出一心系念法也。

憨山大师每诫人："切勿一边念佛，一边增长生死根。"何谓生死根？如十使五盖十恶业等，皆生死根。佛与魔不两立，道心与尘虑不两立，行人若不证四圣，即堕六凡；换句话说，即是念佛与生死根不两立。念佛是出世法，而增长生死根，则是入世法。假令当念佛时，佛心与尘心平衡，互相抵消，但以有无始惑业，牢不可拔，故结果便依然堕在世网中，此一者是念佛人的生死对头，须痛下决心，方能收效。念佛人若平时想如何如何的升官发财，娇妻美妾，延年益寿，买良田，营华屋，快恩仇，逞意气，纵五欲乐，自私自利，皆增长生死根也。庞蕴居士说："但愿空诸所有，慎勿实诸所无。"这两句话，真是修行人对症药，一切众生，常住真心，原无一法，乃自迷真成妄以来，妄见境界，生诸有法，若不空尽，难复本来，有既当空，无安可实，若更将本无者，再实之而成为有，则依然走的是原始堕落的路线，今后这葛藤将愈益纠缠，如何能了？所以说慎勿实诸所无。空诸所有，是收拾既往，勿实所无，是截断未来，这两头一堵塞，中间的法身，无有覆盖，便摆脱尘网，出离三界，而生死了矣。他这两句话，都是指心里的思想，即使指行为，也是先有思想，然后有行为。行人念佛，即是空诸所有，不增长生死根，即是不实所无。由憨师和庞居士的语气来看，他们两人的见解是一致的，都是主张远离无明与爱，不作取有，佛说："不燃火者，是则无烟。"

　　释尊在世时，有人踵门，求收留剃度，出家学道，知客弟子，有宿命通，看其人前五百世中，并无丝毫善根，没福入佛门修道，不准所请，其人不信，欲再请其他佛弟子看看，究竟有无善根福德，堪入佛门？结果五百弟子都看过，所说皆与知客僧同，并劝其离此他就，其人闻已，号啕大哭，坚不肯去，释迦佛闻声，自后踱出，一见面，便对诸弟子说："汝等智慧短浅，不能远见，此人若干劫前，系一樵夫，一日入山，砍柴遇虎，急揉升树上，其树并不高大，虎于树下咆哮跳跃，几及其身，渠为之惊晕，但仍紧抱树枝不放，良久虎始他去，渠苏醒时，见虎已去，念方才危险，几至丧命，不禁冲口念了一句'南无佛'，为了念此一句佛，其种子留在八识田中，至今成熟，理合见佛得度，故今日踵门求道，可予收留。"自是日起，此人即在释迦门下为弟子，终成罗汉。观此故事，可知念一声佛，都会发生效果，其种子藏在八识田中熏习，历时多劫，经过无数生死，终不磨灭，卒至成熟，遇佛得度。吾人往往见山间林下崖石上，或佛寺围墙上，大书"南无阿弥陀佛"六字，其意即欲行路人，见而念之，种植种子，为将来遇佛得度正因。念一句佛，其效力尚且如此，何况终身念佛之人？所以奉劝大家，多多念佛，此中每一句都有着落，绝不落空，若不实行，真是可惜。

念字有两种解释，一种是口念，一种是心念。口念着，心中有念，口中亦有声，如小儿忆母，心中一面忆，口中便一面喊。心念者，心中有念，口中并无声，如贞妇思夫，心中尽管思，口中却并不喊出。念佛而有声者，是属于前一类，念佛而无声者，是属于后一类，无声的念法，其效用与有声同。此即所谓念而不念，不念而念，念而不念者，上一念字是指心，下一念字是指口，即是说：心念而口不念。不念而念者，上一念字是指口，下一念字是指心，即是说：口不念而心念。行人若单是口念佛时，才起正念，口不念佛时，则全是世念，这样便形成以少数的正念敌多数的世念，力量殊感薄弱不够，好似以一滴硃砂倾入一大缸墨汁中，依然还是黑，结果虽有正念，仍不免为染念所包围，未能生效。待到临终四大将离，风刀解体，家属环泣，万感攒心时，便完全没有把握，平时纵有净业，只因不够分量，此时便不能一心不乱，做不得往生资粮，只好留一粒净种子，在八识田中，不知何年何世，再生净用？所以行人在平时，除定课念佛之外，对于阿弥陀佛和极乐国，还须时时系念，刻刻关心，不特要像小儿忆母，亦想亦呼，更须效法贞妇思夫，离言离相。至于处境上，不论是顺是逆，是乐受是苦受，都应当念及诸法无常，转眼即灭，不值得十分认真。当理会此世界是旅馆，我身是住客，今日住了，不知明日还住不住，今年住了，不知明年还住不住。昔人有花园被达官侵占，乃作诗讽之，其下半首云："兰亭禊事今非晋，桃洞仙人昔笑秦，园是主人身是客，问君还有几年春？"正是这个意思。行人如果能这样旷达，对于娑婆，自然无所贪恋；对娑婆贪恋，淡薄了一分，对极乐希望，自然便浓厚了一分。如将嫁贫女，闻夫家富贵，但思过几日便作彼家之人，享受一切，是身未往生，心先往生，虽竭九牛之力，更挽不住，自力已是如此，何况更加佛愿力千百亿倍，摄受吸引，安有不生之理？此种情景，名为心搬家，心搬家确已契合净土门大道理，念佛时念念生向往心，向往即是搬法。复次，当思昔时与我同其堕落，但今已成佛者，无量无数，先觉诸众，虽未成佛，但已往生十方清净佛国，及极乐世界者，亦是无量无数。叹息我身，尚未脱血肉之躯，五浊之世，嗜欲炎炽，心浪不停，来日大难，何堪设想？瞻望彼岸，安乐庄严，而我尚未得到，如何不努力？回顾地狱大火烧到脚跟，如何不恐怖？归命娑婆说法主，西方接引大慈尊，我今念佛愿往生，唯愿慈悲哀摄受。

附 录

1 净法概述

绪言

净土法门，既广大微妙，而又平易简捷，虽深地菩萨，莫测高深；即逆恶罪人，亦蒙解脱。熟读万卷之文人，不能出六字之外；不识一丁之老妪，亦得预九品之中。所以诸佛失之，则无法度生；行人失之，则无从出世。如阿伽陀药，得之则百病皆瘳；如转轮王宝，乘之则远方可到。可惜因其太容易故，遂为人所轻视，尤其知识阶级及科学家，既无五眼四智，偏要说现实，求兑现，如蛆虫在粪窖中，闻人说九州万国，坚不肯信，是为极可怜悯者。自身既无通慧，佛语又不接受，贡高自误，成为绝物，尚自命为智，宁不可悲！

不信念佛者，亦不信有极乐国，独不思：虚空中既能生吾人之世界，何以不许复生其他世界？既有秽土，何以不许有比此处较净洁之国土？既有痛苦处，何以不许有安乐处？既有丑陋夭病之身体，何以不许有尊严长寿之身体？既能生在此方，何以不许能生他方？既见吾人之智慧才能，较蚯蚓蜗牛高得多，既见诸葛亮之智慧才能，较阿斗高得多，何以不许佛菩萨罗汉，智慧才能，较吾人高得多？既见此方，有化生之动物，何以不许彼方有化生之人？既见此土雪花六出，从天而下，何以不许彼土曼陀罗花，从天而下？既见此土有木质之树，何以不许彼土有金质银质等树？既见此土风吹树林，作松涛竹籁声，何以不许彼土风吹树林，作音乐声？既见此土到处发出臭味，何以不许彼土到处发出香味？既见此方水，污浊淡涩，何以不许彼方水，清芬甘美？只要这样一设想，就可知说此土事事皆有，彼土事事皆无者，亦如贫人在陋屋中，见破扉败絮，坚不信富人有高楼大厦，金玉锦绣，未免太过于武断和短视。

还有一类人，凡事必限于亲眼所见者，方信为有，非眼见者，则谓为无。如此则可问彼：君还相信，自君以上，还有第五十八代祖宗否？此人必答为信。问曰：此事君亦不曾眼见，何以知其有？彼必答曰：由理推之，因知其有。如是便可以再问曰：既如此，君何以不以理推想有极乐国呢？推想之后，若还不信其为有，这是知识浅陋，如井蛙不信有海，不信由你不信，海总是有海也。并且还可以再问他：君还相信，南美洲有个阿根廷国否？其人必答为信。问曰：此国君亦不曾亲往，何以知其有？答曰：我虽不曾去过，有人已经去过，或回来说有此国，或著书说有此国，所以相信。问曰：然则释迦、文殊、普贤、大势至、弥勒、观音、阿难、韦提希，及佛诸大弟子，皆曾去过，或亲眼见过极乐国，他们对你说，或著经书对你说，你为何又不相信呢？他必定又答曰：南美洲可以坐船或乘机前往，证实是有，乐国是无法证实，是以不信。问曰：君坐船乘机而去，是将来事，而今日在未去之前，竟先信其有；生乐国也是将来事，而今日在未生之前，何以竟又不先信其有？此人必又答言：欲去阿根廷，只要一月路程，欲去极乐，实无办法。答曰：若君今夜三更命终，四更即在极乐国，岂不比去阿根廷更近耶？诸如此类，都可以一一据理证实。总之，众生既无神通，又不信有神通人所说之话；既不明理，又不信明理人所说之话，有如自己不曾到过阿根廷，而又不相信曾到过见过阿根廷国之人所说的话，但死板板地，坐在家里，坚不承认有此一国，这真所谓"事理不明，气煞旁人"了。世界上任何宗教，都有一个终极的目标，如天国天堂之类，他们信众亦多，假如他能够把天国天堂，拿出来给人看，佛教当然也能把诸佛净土，拿出来给人看。

今世有一班人，智慧不及前人，然而我慢贡高，世智辩聪，却突过前人，他们瞧不起念佛，瞧不起极乐国。其意以为：像我这样具有高深学识之人，若修佛法，起码也要禅或唯识，才有些分量，若此净土小法，只好对老太婆说说。他们这种见解，大是自误。独不思：大势至他是等觉菩萨，《无量寿经》里，说他最尊第一，威神光明，普照三千大千世界。《观经》里，说他行时十方世界，一切震动，坐时七宝国土，一时动摇，从下方金光佛刹，乃至上方光明王佛刹，于其中间，无量尘数分身无量寿佛，分身观音，分身势至，皆悉云集，其威神福德，可想而知；可是他在楞严会上，却自述是由念佛出身，生于极乐。复不思：普贤他也是等觉菩萨，身白玉色，乘六牙象，《华严经》载：他为善财说十大愿，普令善财和华藏海众，回向往生西方极乐世界，以期圆满佛果。更不思：龙树菩萨，他能入龙宫，取《华严经》，开铁塔，传秘密藏，造过《大智度论》《回诤论》《六十如理论》《中论》《十二门论》《七十空论》《十住毗婆沙论》《大乘二十论》《资粮论》等，其学问造诣，可想而知。可是《入楞伽经》中，《释尊悬记》云："大慧汝应知，善逝涅槃后，未来世当有。持于我法者，南天竺国中，大名德比丘，厥号为龙树，能破有无宗，世间中显我，无上大乘法，得初欢喜地，往生安乐国。"更不思：世亲菩萨，他造过五百部小乘论，五百部大乘论，号为千部论师，其学识之渊博可想而知；但他于其所造《往生净土论》中，一开头便说："世尊我一心，归命尽十方，无量光如来，愿生安乐国。"像这样的大菩萨，却都愿生极乐国，我们自问不能及他们身上一根汗毛，却又自高到不把净土法门看在眼里，并且连极乐国都不足生，愚而好自用，岂不可异！

我尝见有一班学佛人，只是一天到晚在经论中钻，竭毕生精力，以求一"博"字。还有一班人，好的只是理论，满口马鸣、龙树、无着、世亲，谈空说有，研相究性，但是要他到佛寺磕一个头，对佛像烧一根香，或是要从他口里，听到"南无"二字，却比登天还难，其他佛事更不用说了。彼实不知：法不孤起，仗境方生，染净诸法，咸归一例。当初既逐染境而生染心，流转三界，今后亦宜随净境而生净心，超越三界，当其假借三宝尊严，生起诚敬之念时，其回熏力，一面能使八识田中，杂染种子，停滞不行，一面便能促使净种子早熟，冲破无明縠，生于诸佛净土。所以举手低头，烧香念佛，如是等六根所生净用，看似事事都在外，其实事事都在内。今若不知此义，但一味昧理废事，这好像饿急了的人，却拼命地研究各种菜肴的烹调法，把馆子里的菜单，背诵得滚瓜烂熟，但是见了现成的食物，摆在面前，却又不肯食，这在佛门叫作说食不饱。此类人就让他能记得经律论三藏的全文，我说他是一个字也不曾理会得，只等于藏经楼里的一个蠹鱼而已，所以我近来对于此一类人，背后只是叹一口气摇摇头。但是若看到一个对佛像会痛哭流涕，五体投地的忏悔者，或是在热闹场中，连理也不理，只是自我的拼命念佛者，都非常赞叹敬重，认为是我之师，值得效法。并且悬知此人正念将渐渐纯熟，惑业将渐渐消失，不久当得漏尽，入学无位；彼目前虽与我等相处一处，只要眨眨眼便是极乐国的阿罗汉，他化天王给他比一比，都好像乞丐在帝王边，何况我等！最好的办法，只是我也赶紧念佛，将来和他生在一起，岂不爽利，绝不可学说食不饱之流，立志只想做一个藏经楼的蠹鱼。总而言之，信解行证是修行四阶段，求解所以导行，若不愿行，何必求解，有如既不愿旅行，何必天天看地图找路线。并且髦发已斑，还在求解，这行和证，大约要待来生再谈实践了。读"劝君早办修行路，一失人身万劫难"，和"莫待老来方学道，孤坟多是少年人"之句，难道都无所儆于中吗？

　　禅宗只是悟的问题，没话可说，若不悟，则一切皆不相涉。净土宗只是行的问题，也没话可说，若不行，则一切皆不相涉。倘能老老实实地，把一句"南无阿弥陀佛"像吃饭穿衣一样，每日必行，可以担保戒定慧具足，经律论俱全，看教也好，不看教也好，都不成问题，命终之后，也可以担保生于极乐国。像这样重大的责任，我是没资格担保，阿弥陀佛他摄取极乐国，发过四十八愿，称为接引导师，是第一个保人，也是第一个负责者。释迦牟尼佛，他说过净土三经，普劝往生，是第二个保人，也是第二个负责者。六方恒河沙数诸佛，都称赞过净土法门，护念《阿弥陀经》，他们可算全是保人，也全是负责者。有了这许多佛做保人，负责任，若再信不过，那真要令人发一声悲天悯人的长叹，而没话可说了。

一、净土之意义

（一）何谓净土

净土二字的意义，就是洁净之土，一个世界里面，至少要包括有下述种种条件，才有资格称得起净土。在人民方面要：一者，康乐无病；二者，寿命长远；三者，身相端严；四者，无贫富贵贱之不齐；五者心性柔和，道德高尚；六者，道心不退；七者，人皆化生，无男女生育之秽；八者，无幼壮衰老之异；九者，无涕泪痰汗屎尿之类；十者，心志高广，聪明畅达；十一者，永离六道轮回；十二者，具有六神通；十三者，具有慧眼正见。凡此种种，称为众生世间清净庄严。在国土方面要：一者，地方平坦，宝地光洁，无溪谷山岳沟渠河海坑厕；二者，无风雪雷雾，旱潦地震、海啸饥馑等天灾；三者，到处光明，无须日月灯烛；四者，一切物件，永远常新，不破、不朽、不坏、不烂、不锈、不旧、不垢秽；五者，花树楼台，风景富丽，无须人力建筑；六者，天气永远不寒不暖；七者，乐音微妙，不须人奏，欲闻即闻，不欲闻即寂；八者，除人类外，无禽兽虫鱼等各种动物；九者，泉水清芬甘美，深浅寒温，悉如人意；十者，根尘相触，舒爽快意，而不失道念；十一者，七宝盈满，供具充足，无须人力，自然化成；十二者，无一切尘劳烦恼；十三者，虽人口日增，绝不虞国土窄小，物资匮乏；十四者，国土安泰，绝不受邪魔外道胁迫，凡此种种，称为器世间清净庄严。若世界中，具有此众生世间和器世间两种清净庄严者，乃得称为净土。

（二）十方净土

十方虚空中，国土无量无数，苦乐状况，千差万别，但其成就之原因，绝不是偶然，或某神所造。概括言之，可以分为两类：一是属于生其国土中之一切众生公共业力所感成，以酬其福报之乐，或孽报之苦。二是诸佛菩萨摄化所成，作为度生道场。前一类因众生善少恶多，故其感得国土，亦乐少苦多，所以只能称为秽土，不能称为净土。后一类为佛菩萨福慧力，及四无量心所加持，再加上修行愿生诸众，积集功德至心回向所增上，有此主伴尊严，绳绳无尽，故其国土，无纤毫苦因罪报掺杂在内，自然而然，成为纯乐无苦，无漏了义的清净道场了，像这样的世界，才能称为净土。

十方世界中，秽土无数，净土也无数，诸秽土中，我们的娑婆世界，只算是其中之一，知娑婆是秽土，而不知天空中，尚有其他无量无数之秽土，这是错误。诸净土中，阿弥陀佛的极乐世界，只算是其中之一，知极乐是净土，而不知天空中，尚有其他无量无数之净土，这也是错误。释尊虽然在净土三经中，广说极乐净土，但他在《药师琉璃光如来本愿功德经》中，就说过药师如来的净琉璃净土。在《大宝积经》中，就说过不动如来的妙喜净土。在《弥勒上生经》中，就说过弥勒菩萨的兜率陀净土，这些都只算是举例，其实十方世界有恒河沙数佛，就有恒河沙数净土，有不可说不可说佛，就有不可说不可说净土。个个净土中众生，生其国者，皆有其因缘，此因缘可以用修行方法，令其成熟，而往生其国，这称修行方法，就名为修净土法。十方净土，既皆可用修行方法，随意往生，但释尊对于西方阿弥陀佛的极乐世界，却介绍劝赞得独为详尽者，盖因此土人多贪浊，信向者少，心乱无志，若为说多土，反然一无成就，故不如只说一土，使其意志集中，易于忆持，乃能生效，此意不可不晓。

（三）净土类别

净土秽土，虽似外境，其实皆一心之所变现，诸佛以净识妙用，变现净土，因作用异故，净土之名义，亦随之而异。据《西方合论》所载，就有十种的不同：一者，毗卢遮那净土，毗卢遮那为诸佛法身，译为遍一切处，故化佛无量，今此净土，亦即诸佛本报国土。二者，唯心净土，土随心现，故心秽则土秽，心净则土净，如《维摩诘经》云："直心是菩萨净土，菩萨成佛时，不诳众生，来生其国……若菩萨欲得净土，当净其心，随其心净，则佛土净。"此是唯心净土义。三者，恒真净土，即灵山会上，所指净土，佛引三乘权教菩萨，令知此土即秽即净是也。四者，变现净土，为如来加威所变现，如《大般若经》中，释迦以神力令此大千世界，地平如掌，琉璃所成，众宝庄严，莲花遍地，此虽如来暂令显现，然亦可见秽土之本来面目，即是净土。五者，寄报净土，《起信论》云：菩萨功德完满，于色究竟处，示一切最高大身，此是补处菩萨将次成佛，寄报其间，故云寄报净土。六者，分身净土，《涅槃经》：佛谓央崛，我住无生际，而汝不觉知，东方有佛，往问之，彼佛言："释迦即是我身。"可知佛之法身，住无生际，而东方为分身佛矣。七者，依他净土，《梵网经》云："我今卢舍那，方坐莲花台，周匝千花上，复现千释迦，一花百亿国，一国一释迦。"此是他受用报身，唯登地菩萨乃能见之。八者，诸方净土，如东方阿閦、药师、须弥灯王、南方日月灯、上方香积、如是等诸佛，各有净土，悉皆恢廓庄严，绝尘离垢。九者，一心四种净土，土依心现，各有不同，功力所证，分为四种：（1）凡圣同居净土，二乘及人天同居之国土，为凡圣同居土，此有秽净二种，如娑婆为同居秽土，极乐为同居净土。（2）方便有余土，断见烦恼，出三界之小乘人所生处也，因修方便道，断见思惑，故名方便；因未断尘沙无明二惑，故名有余。（3）实报无障碍土，因行真实之法，感得胜报，色心不相妨碍，故名无障碍，为纯菩萨所居之土。（4）常寂光净土，性体常寂，永住智慧光明之境，故名常寂光，为佛所居之土，即大涅槃境界。十者，摄受十方有情，不可思议净土，即阿弥陀佛极乐国净土，其实十方诸佛土，都可以称之，因同是摄受十方有情，其作用也同是不可思议故。以上十种，亦异亦同，因其皆为一心所显现故，例如诸方净土，也即是摄受有情不可思议净土，也即是同居、方便、实报、寂光四土，也即是依他净土等，此皆随义立名，不宜拘泥。其中与吾人最有密切关系者，厥为摄受十方有情不可思议净土，吾人之力量目标，亦悉集中在这一着，只要实证了这一净土，则其他净土，也就不难慢慢地了解了。

二、极乐国轮廓（极乐国亦名安乐，亦名安养。）

（一）依正庄严

据《无量寿经》所载：阿弥陀佛当初为比丘时，名为法藏，法藏比丘，为了"成熟有情，严净佛土"，这一目标起见，曾请世自在王佛为其广说二百一十亿诸国土内种种情状，并且显现给他看，俾作为蓝本，供创造时参考之用。法藏比丘于听完看完这许多佛国之后，乃开始以精神创造国土，经思维摄取五劫之久，然后乃成为极乐世界。按十方世界之建立，悉为众生共业所成，唯识所现，无非仗因托缘，依他而起，虽似外境，仍归一心。今佛以清净八识摄成净土，若众生一心念佛，以正念投入佛净识中，便如一沤水倾大海，与海相融，汇为巨浸，所以生其国者，唯觉依正庄严，重重无尽了。至于什么叫作思维摄取五劫之久呢？现在且把宝树作为举例：法藏比丘凝神正意，在杳无一物的虚空中，看作一株宝树，树本是金的，茎是银的，枝是琉璃的，条是水晶的，叶是珊瑚的，花是玛瑙的，果是砗磲的，照这样作想，名为思维，思维完之后，若把这一念永远不放松，则这一株树便永远存在。若再加作意，要它发声便发声，要它开花便开花，要它结果便结果，照这样的加持，名为摄取。十界之中，除佛以佛眼观之，能知其为虚幻不实外，其余九界众生观之，则唯觉其为宝树，视之有色，听之有声，嗅之有香，尝之有味，触之有质，思之有物，如此这一株宝树，便成功了。这不过随便拈出一物，作为例子，举凡极乐国中，上起天空，下至地底之一切物品，千态万状，其渊源悉与此相类。法藏比丘为了思摄净土，作为度生道场起见，竟殚神竭虑，至于五劫之久，这就是今日的极乐世界，亦即是吾人异日的归宿处，只就这一点看来，就可见阿弥陀佛是怎样的慈悲喜舍了。

佛学中以身体为正报，环境上之一切事物为依报，极乐国的依正庄严，略见于净土三经，但是三经中所说的，也不过像大海中之一滴，其实若广说者，穷劫不尽。凡事千闻不如一见，行者若一心念佛，将来往生后，身历其境，自然会一目了然，否则就如今人读秦汉隋唐历史，想象当时之若人若物，终成为隔靴搔痒了。现且根据经中所载，把极乐国庄严情状，概说于下：

1. 正报庄严亦即众生世间清净

身相端严	彼国人民，身皆真金色，具三十二相，形貌相同，无有好丑，容色微妙，皆受自然之身，无极之体。(西方三圣，身相庄严，因文繁未述，但看《观无量寿经》自知)
寿命无限	寿命无量无边阿僧祇劫，除其本愿，修短自在。
具六神通	皆得天眼，天耳，他心，宿命，神足诸通；若成阿罗汉，则兼得漏尽通。
常住正念	常住正定之聚。
不堕恶道	生其国者，更不堕三恶道。
莲花化生	彼国人民，皆于七宝池中，莲花化生，并无男女爱欲胎生诸事。
乐如漏尽	心身安乐，如漏尽比丘。
无不善名	彼国从无不善之名，况有其实。
道心不退	生其国者，皆是阿鞞跋致，于无上道，悉不退转，勇猛精进，直至成佛。
智慧辩才	受读经法，讽诵持说，具有智慧辩才。
得无生忍	得无生法忍，诸深总持。
威力自在	声闻菩萨，神通洞达，威力自在，能于掌中持一切世界。
身光赫熠	诸声闻众，身光一寻，菩萨光明，照百由旬，乃至三千大千世界。
声菩无数	彼佛初会声闻众数，不可称计，菩萨亦然。佛告阿难：如目连等，于百千万亿那由他劫，计彼初会声闻菩萨，所知数者，犹如一滴之水，所不知者，如大海水。
补处甚多	极乐国土，众生生者，皆是阿鞞跋致，其中多有一生补处，其数甚多，非是算数所能知之，但可以无量无边阿僧祇说。

2. 依报庄严亦即器世间清净

国土平坦	全国平坦，净无纤尘，无须弥山及金刚围一切诸山，亦无大海小海，溪渠井谷。
七宝为地	其佛国土，琉璃为地，杂以七宝，内外映彻，下有金刚七宝金幢，擎琉璃地，其幢八方，八楞具足，一一方面，八宝所成，一一宝珠，有千光明，八万四千色，映琉璃地，如亿千日。琉璃地上，以黄金绳，杂厕间错，以七宝界，分齐分明，恢廓广荡，不可限极，微妙奇丽，清净庄严。
气候温和	气候不寒不热，常和调适，无春夏秋冬。
罗网悬空	无量宝网，弥覆佛土，皆以金缕真珠，百千杂宝，奇妙珍异，庄严校饰，周匝四面，垂以宝铃，光色晃曜，尽极严丽，微风吹之，演发无量法音，众生闻者，自然皆生念佛念法念僧之心。
六时雨花	昼夜六时，雨天曼陀罗花，微风吹之，遍满佛土，柔软芬芳，足履其上，蹈下四寸，随举足已，还复如故，华用已讫，以次化没，大地清净，如是六反。
宝莲充满	众宝莲花，周满世界，一一宝花，百千亿叶，其花光明，无量种色，青色青光，白色白光，玄黄朱紫，光色赫然，炜烨焕烂，明曜日月。
化佛说法	一一宝莲花中，出三十六百千亿光，一一光中，出三十六百千亿佛，身色紫金，相好殊特，一一诸佛，又放百千光明，普为十方，说微妙法。
佛道场树	阿弥陀佛道场树，为众宝合成，以月光摩尼持海轮宝，而为庄严，周匝条间，垂宝璎珞，百千万色，种种异变，珍妙宝网，罗覆其上，一切庄严，随应而现。

宝树发音	七宝诸树，周满世界，或纯一宝，或有二宝三宝，乃至七宝，转共合成。行行相值，茎茎相望，枝枝相准，叶叶相向，花花相顺，实实相当，荣色光曜，不可胜视。清风时发，出五音声，微妙宫商，自然相和，其音之美，超过第六天上，万种乐音千亿倍，演出无量妙法音声，其闻音者，得深法忍，住不退转，至成佛道，耳根清澈，不遭苦患。目睹其色，耳闻其音，鼻知其香，舌尝其味，身触其光，心以法缘，皆得甚深法忍，住不退转，至成佛道，六根清澈，无诸恼患。
万物严丽	一切万物，严净光丽，形色特殊，穷微极妙，无能称量。
无三恶道	无地狱、饿鬼、畜生诸难之趣。
宫殿庄严	讲堂、精舍、宫殿、楼观、舍宅皆七宝庄严，自然化成，复以真珠、明月、摩尼众宝，以为交露，覆盖其上。所居舍宅、宫殿、楼阁，称其形色、高下、大小，或一宝二宝，乃至无量众宝，随意所欲，应念即至。
国土清净	国土清净，皆悉照见十方一切无量无数，不可思议诸佛世界，犹如明镜，睹其面像。
浴池香洁	有诸浴池，八功德水，湛然盈满，清净香洁，味如甘露。黄金池者，底白银沙；白银池者，底黄金沙；水晶池者，底琉璃沙；琉璃池者，底水晶沙；珊瑚池者，底琥珀沙；琥珀池者，底珊瑚沙；砗磲池者，底玛瑙沙；玛瑙池者，底砗磲沙；白玉池者，底紫金沙；紫金池者，底白玉沙，或有二宝三宝，乃至七宝，转共合成。
池水随意	彼国人民，若入宝池，意欲令水没足，水即没足；欲令至膝，即至于膝；欲令至腰、至颈、灌身，还复，皆得如意，调和冷暖，自然随意，开神悦体，荡除心垢。微澜注，发诸妙声，或闻佛声、法声、僧声、寂静声、空无我声、大慈悲声、波罗蜜声，如是等声，称其所闻，欢喜无量。

香气普熏	自地以上，至于虚空，宫殿楼观，池流花树等，所有一切万物，皆以无量杂宝，百千种香，而共合成，严饰奇妙，超诸天人，其香普熏十方世界，菩萨闻者，皆修佛行。
饭食精洁	彼国人民所处宫殿，衣服饮食，众妙花香，庄严之具，胜第六天。若欲食时，七宝钵器，自然在前，百味饮食，自然盈满，虽有此食，实无食者，但见色闻香，意以为食，自然饱足，事已化去，时至复现。
法服随念	国人衣服，随念即至，如佛所赞应法妙服，自然在身，无须裁缝捣染浣濯。
化鸟演法	阿弥陀佛，常化作种种奇妙杂色之鸟，如白鹤、孔雀、鹦鹉、舍利、迦陵频伽、共命、凫、雁、鸳鸯等，昼夜六时，出和雅音，其音演畅五根、五力、七菩提分、八圣道分等法，闻者皆悉念佛念法念僧。

（二）四十八愿

上边已经说过：阿弥陀佛为比丘时，名为法藏，法藏比丘摄取清净佛土之后，再到世自在王佛前，发四十八度生大愿，愿文颇繁，未能全录，若欲观全文者，但读《无量寿经》自知。兹谨将其中之重要者，及与吾人有密切关系者，抄录于后，俾资观感和策勉。同时也可以明白：佛之恩德，是如何之广大，安可不淬励精进，图报未来。

第几愿	愿文摘要	无量寿经中原文
1	国中无三恶道愿	设我得佛，国中有地狱饿鬼畜生者，不取正觉
2	国人寿终不堕三恶道愿	设我得佛，国中天人，寿终之后，复更三恶道者，不取正觉。
3	国人身皆金色愿	设我得佛，国中天人，不悉真金色者，不取正觉。
4	国人形色皆同无有好丑愿	设我得佛，国中天人，形色不同，有好丑者，不取正觉。
5	国人皆有宿命通愿	设我得佛，国中天人，不识宿命，下至知百千亿那由他诸劫事者，不取正觉。
6	国人皆有天眼通愿	设我得佛，国中天人，不得天眼，下至见百千亿那由他诸佛国者，不取正觉。
7	国人皆有天耳通愿	设我得佛，国中天人，不得天耳，下至闻百千亿那由他诸佛所说，不悉受持者，不取正觉。
8	国人皆有他心通愿	设我得佛，国中天人，不得见他心智，下至知百千亿那由他诸佛国中众生心念者，不取正觉。
9	国人皆有神足通愿	设我得佛，国中天人，不得神足，于一念顷，下至不能超过百千亿那由他诸佛国者，不取正觉。
15	国人寿命无量长短自在愿	设我得佛，国中天人，寿命无能限量，除其本愿，修短自在，若不尔者，不取正觉。

第几愿	愿文摘要	无量寿经中原文
18	十方众生十念必生其国愿	设我得佛，十方众生，至心信乐，欲生我国，乃至十念，若不生者，不取正觉。
19	十方众生发愿欲生其国者临终必来接引愿	设我得佛，十方众生，发菩提心，修诸功德，至心发愿，欲生我国，临寿终时，假令不与大众围绕，现其人前者，不取正觉。
20	十方众生回向功德必得往生其国愿	设我得佛，十方众生，闻我名号，系念我国，植众德本，至心回向，欲生我国，不果遂者，不取正觉。
21	国人皆有三十二相愿	设我得佛，国中天人，不悉成满三十二大人相者，不取正觉。
27	国中万物严净光丽其数无量愿	设我得佛，国中天人，一切万物，严净光丽，形色殊特，穷微极妙，无能称量，其诸众生，乃至逮得天眼，有能明了，辩其名数者，不取正觉。
31	国土清净照诸世界愿	设我得佛，国土清净，皆悉照见十方一切无量无数不可思议诸佛世界，犹如明镜，睹其面像，若不尔者，不取正觉。
32	杂宝宫殿香气普熏愿	设我得佛，自地以上，至于虚空，宫殿楼观，池流华树，国土所有一切万物。皆以无量杂宝，百千种香，而共合成，严饰奇妙，超诸天人，其香普熏十方世界，菩萨闻者，皆修佛行，若不尔者，不取正觉。

第几愿	愿文摘要	无量寿经中原文
34	十方众生闻名得忍	设我得佛，十方无量不可思议诸佛世界，众生之类，闻我名字，不得菩萨无生法忍，诸深总持者，不取正觉。
35	闻名欢喜女转男身愿	设我得佛，十方无量不可思议诸佛世界，其有女人，闻我名字，欢喜信乐，发菩提心，厌恶女身，寿终之后，复为女相者，不取正觉。
38	国人衣服随念不须裁染洗涤愿	设我得佛，国中天人，欲得衣服，随念即至，如佛所赞应法妙服，自然在身，若有裁缝捣染浣濯者，不取正觉。
39	国人乐如漏尽愿	设我得佛，国中天人，所受快乐，不如漏尽比丘者，不取正觉。

　　以上二十一愿，都是重要的，都是与吾人有密切关系的，至于其他接引大菩萨之愿，眼前尚非吾人所需求，故未录入，若欲知其详，可看《无量寿经》，自能见其全貌。遍观每愿之末尾，皆有若做不到，不取正觉之文，不取正觉，就是不成佛，但是阿弥陀佛成佛以来，已历十劫，可知他在四十八愿中，每一愿皆已完全实现，若

不实现，他是不愿成佛的。世间善人，都能做到言必有信，岂有万行具足，福慧圆满之佛，会自食其言，说了不兑现的，若果如此，他还有什么颜面，见十方诸佛菩萨？见十方一切众生？还有什么资格称为天人师佛世尊，受人五体投地的礼拜供养赞叹？这样看起来，吾人对于他的四十八愿的完全实现，用不着再来疑虑了。但是上述诸愿中，固然都是他应负的责任，唯有第十八、十九、二十，这三愿，是行者与佛，双方同负的。第十八愿，行人若称他的名号，至十念以上，他这才负责，否则他就不负责。第十九愿，行人若曾发愿，欲生其国，他这才负责，否则他就不负责。第二十愿，行人若把做功德所应得的福报，回向愿求生其国，他这才负责，否则他就不负责。所以才说：这三愿的责任，是行者与佛双方同负的。我们若是能够做到：1. 已念佛号，2. 已发往生极乐国之愿，3. 已将功德回向求生其国，则我们方面应做的事，可说是都已做到了。这样余下来的，另一方面的责任，就应由阿弥陀佛单独负责，就完全是他的事了。他若是当我们临命终时，不来迎接，以致不能往生极乐国，而依旧落在六道轮回之内。则他便无资格成佛，就不配称为接引导师，并且连释迦牟尼佛所说的净土三经，都变成大骗局大妄语了。当然以他两位佛陀的道德和地位，绝不致如此，所以纵使我们蠢如鹿豕，不具清净法眼，而两土果人所发的愿，说的话，也总可以信得过。何况对于佛法稍有认识的人，都会明白：念佛这一法门，是含有甚深的作用、甚深的道理在内，绝不是像蒙童念书，光在嘴里胡哼，便算了事，绝没有这样的简单。

（三）三辈往生情形

念佛众生，其智慧和功行都不齐，无论博通三藏之大德，乃至不辨香臭之愚人，只要一心不疑地念去，尽都能够往生，无一遗漏。此中若单凭自力，绝无这样的效果，徒以仰仗佛力故，所以皆得往生。但是生是生了，品位便有高低之别，大本仅分三辈，《观经》则详说九品，唯是大本与《观经》所说，又略有出入，举要言之，上辈三品，当于出家离欲，诵读大乘，解第一义，广修功德，发菩提心中求之。中辈三品，当于奉持斋戒，回向功德，孝养父母，行世仁慈，专念佛号，发菩提心中求之。下辈三品，当于造罪毁戒，作已后悔，十念勇猛，发菩提心中求之。兹根据《观无量寿经》中所载九品往生情状，列成表式于下，俾便观览。

三辈九品往生情状表

品级	生前举动	临终情景	生彼国后状况
上品上生	慈心不杀，具诸戒行，读诵大乘经典，修行六念，回向发愿，愿生彼国，具此功德，一日乃至七日。	阿弥陀佛及观音势至并化佛圣众，执金刚台，至行者前，佛放光明，照行者身，与诸菩萨，授手迎接，赞叹功德，劝进其心，行者欢喜，乘金刚台，随从佛后，如弹指顷，往生彼国。	生彼国已，见佛及诸菩萨色相具足，光明宝林，演说妙法，闻已悟无生法忍，经须臾间，历事诸佛，遍十方界，次第受记，还至本国，得无量陀罗尼门。
上品中生	不必受持读诵方等经典，善解义趣，于第一义，心不惊动，深信因果，不谤大乘，以此功德，回向愿求生极乐国。	命欲终时，阿弥陀佛与观音势至无量眷属围绕，持紫金台至前，赞言法子：汝行大乘，解第一义，故我来迎，行者坐紫金台，合掌赞佛，如一念顷，即生彼国。	紫金台如大宝花，经宿则开，行者身紫金色，普闻众声，纯说甚深第一义谛，经于七日，不退菩提，应时飞行十方，礼事诸佛，修诸三昧，经一劫得无生忍，现前受记。

品级	生前举动	临终情景	生彼国后状况
上品下生	亦信因果，不谤大乘，但发无上道心，以此功德，回向愿求生极乐国。	命欲终时，阿弥陀佛及观音势至诸菩萨及五百化佛来迎，赞言法子：汝今发无上道心，我来迎汝，行者坐金莲花，坐已花合，随世尊后，往生七宝池中。	一日一夜花开，七日中见佛相好，不甚明了，三七日后，乃了了见，闻众音演法，游历十方，于诸佛前，闻甚深法，经三小劫，得百法明门，住欢喜地。
中品上生	受持五戒，持八戒斋，修行诸戒，不造五逆，无众过患，以此善根，回向愿求生极乐国。	临命终时，阿弥陀佛与诸眷属围绕，放金色光，至其人所，演说苦空无常无我，赞叹出家，行者心大欢喜，坐莲花台，长跪礼佛，未举头顷，即得往生。	莲花寻开，闻众音赞叹四谛，即得阿罗汉道，三明六通，具八解脱。
中品中生	一日夜持八戒斋，或一日夜持沙弥戒，或一日夜持具足戒，威仪无缺，以此功德，回向愿生极乐国。	命欲终时，见阿弥陀佛与诸眷属，放金色光，持七宝莲花至前，赞言善男子，汝随顺诸佛教故，我来迎汝，行者坐莲花上，莲花即合，生于极乐世界。	在宝池中七日，莲花乃开，开目合掌，赞叹世尊，闻法欢喜，得须陀洹，经半劫成阿罗汉。

品级	生前举动	临终情景	生彼国后状况
中品下生	孝养父母，行世仁慈。	命欲终时，遇善知识为说阿弥陀佛国土乐事，亦说法藏比丘四十八愿，闻已命终，如屈伸臂顷，即生极乐国。	经七日已，遇观音、势至，闻法欢喜，得须陀洹，过一小劫，成阿罗汉。
下品上生	作众恶业，虽不诽谤方等经典，如此愚人，多造恶法，无有惭愧。	遇善知识为说大乘十二部经首题名字，以闻经名故，除极重恶业，智者复教合掌称佛名，以称名故，除亿劫生死罪，尔时化佛及化观音势至，至行者前，赞言："善男子，以汝称佛名故，诸罪消灭，我来迎汝。"行者见已欢喜，即便命终，乘宝莲花随佛后，生宝池中。	经七七日，莲花乃开，当花开时，观音、势至放大光明，住其人前，为说甚深十二部经，闻已信解，发无上道心，经十小劫，具百法明门，得入初地。

品级	生前举动	临终情景	生彼国后状况
下品中生	犯五戒八戒，及具足戒，偷僧祇物，盗现前僧物，不净说法，无有惭愧。如此罪人，应堕地狱。	命欲终时，地狱众火，一时俱至，遇善知识为赞说阿弥陀佛十力威德，光明神力，亦赞戒定慧解脱解脱知见，闻已除亿劫生死重罪，地狱猛火，化为清风，吹诸天花，花上皆有化佛菩萨，迎接此人，如一念顷，即得往生七宝池中，莲花之内。	经六劫花开，观音、势至以梵香安慰彼人，为说大乘甚深经典，闻此法已，即发无上道心。
下品下生	作不善业，五逆十恶，具诸不善，以恶业故，应堕恶道，经历多劫，受苦无穷。	遇善知识，为说妙法，教令念佛，彼人苦逼，不遑念佛，善友告言：应至心称无量寿佛，令声不绝。具足十念称南无阿弥陀佛，以称名故，除亿劫生死之罪，命终见金莲花如日轮，住其人前，如一念顷，即生极乐世界。	于莲花中，满十二大劫方开，观音、势至为广说诸法实相，除灭罪法，闻已欢喜，发菩提心。

综观以上三辈九品往生情状，可知前五品都是修功德回向愿求生极乐国者，至于品位的高低，则完全根据功德的深浅。后四品中，中下但孝顺仁慈，并未修出世法，而下上、下中、下下三品，则不特未修善法，且多造恶业，若论生时此种行径，纵使孝顺仁慈，也只能算是世间善人，并不配生于佛国。何况后三品尚是逆恶之流，理合堕三恶道中，安有往生佛国之福德？若不是佛愿力广大，何能于急迫称名之后，便得脱罪往生，高预圣列。像这一类人，当地狱相见，性命在呼吸间时，我敢说除净土宗门有办法外，其余各宗，全是束手无措的，单就这一点看来，便可以见得净土宗的奇特稀有处。《佛教初学课本》中说："观经语，最惊人，许五逆，得往生，三藏教，所不摄，佛愿力，诚难测。"全是实话，丝毫没有夸张。

其次，单就九品临终情景各栏中，就可以看得出：除阿弥陀佛之功德愿力，不可思议外，单凭善知识加持之力，已占其四品，此末后四品人，生前不特对于佛法，毫未留意，并且对于极乐国，更是陌生得很，徒以临终时，得了善知识劝赞称名的结果，竟然也会坐起莲台，生于佛国，这真是他们所梦想不及的。于此可见善知识助转法轮之功，至堪臻佩，几乎与佛力可以并驾齐驱。同时也可以看得出：世人临终一念，是何等重要，假使平时的修行与否，都一概抹杀不论，单就临命终时来说，就可以下断语："凡临终念佛而寂者，不论何人，皆得生西。"此助念会，所以为非常需要，而必须予以成立。

读者诸君，看了后四品众生，生前不曾念佛，甚至还在作恶，只要临终时经过善知识的指点教导，十念称名，便得往生的事实之后，千万不要误会，以为既然只要临终前，有人指引，赶得及十念的，都可以往生，那么平时尽可不必念佛，或者尽管作恶，只要临死记得十念，便可往生，若作此想，大是错误。须知平时念佛，临终因习惯故，亦会念佛，蒙佛接引往生，这是正常的现象。平时不念佛，临终蒙善知识教导，因起正念，这是特别的现象。正常的现象，是靠得住的，特别的现象，是靠不住的，是万不得已的。世人死时情景，千态万状，互不相同。假如不能病终正寝，而是死在牢狱中、疆场上、路旁、野外、医院病床上时怎么办？住处附近，找不到善知识时怎么办？纵使死在家中，家人手忙脚乱，不信或不肯或不知请善知识到临时怎么办？命终得太快，来不及请善知识时怎么办？善知识已到，但病人神智昏迷，不能听法时怎么办？病重痛苦时，神经错乱，态度倔强，不听好言，不肯念佛时怎么办？这都是问题。弥陀第十九愿言："十方众生，发愿欲生我国，临寿终时，假使不与大众围绕，现其人前者，不取正觉。"愿文中只言临寿终时，未提如何死法，所以行者经过发愿后，若遇被炸死、打死、溺死、毒死、焚死、压死、脑充血、虎列拉、鼠疫、触电等，不论能不能念佛，来得及或来不及念佛，都算是临寿终时，佛都当与大众围绕，现其人前，接引往生。倘若平时不念佛，不发往生愿，到此时要想待善知识教令念佛，或于临终风刀解体，极度苦痛时，记得念佛，当然都不可能。总而言之，靠善知识不如靠自己，靠临终不如靠平时。所以行者平时称念佛号，这是应佛第十八愿：十念必生愿。平时发愿往生，这是应佛第十九愿：发愿欲生其国者，临终必来接引愿。平时将所做功德，回向求生极乐国，这是应佛第二十愿：回向功德，必遂往生愿。如此则临命终时，自然会得到保障，得到佛的加持，如买预约券，如纳人寿保险，如下定钱，如聘常年顾问，这样不更稳如泰山吗？若不行这种慎重稳固的步骤，要想效法人家侥幸成功的冒险举动，如见人跌在山涧中不死，反而得了窖金，自己便也向山涧中乱跳，冀有幸遇，不至粉身碎骨不止也。

三、净土修行途径

（一）集信愿行三资粮

净土一法，易行难信，《佛说阿弥陀经》里，释尊亦承认念佛法门是世间难信之法，所以此一法门的骨干，完全是靠信心来建立，靠信心来撑持，有了信心，才会生起举动，才会因果圆满，否则佛门虽大，不能度不信之人。信愿行称为净土三资粮，资粮者，譬如远行，一要资财，二要粮食，若缺此二事，则绝难到达，而这三资粮中，复有其连带关系，这次序是由信生愿，由愿生行，信若不具，则愿行皆不成立。修行人：一、要信净土三经，是释尊真实语，并非虚诳。二、要信除吾人所居秽土之外，另外确有净土世界。三、要信阿弥陀佛发四十八愿，建立净土之事，是千真万确，其佛其国，今皆现在。四、要信生净土，生秽土，皆自心所能操纵，皆是种净因，得净果，种秽因，得秽果，并非碰运气。五、要信念佛号时之正念，确能与彼佛心念凝合，发生感应，临终蒙其接引往生。六、要信吾人恶业虽多，然生于彼国后，因环境优良，及佛菩萨的不断教诲，恶念永不再起，恶报永不成熟。七、要信自力及佛力，皆不可思议，而佛力之大，超过吾人百千万亿倍，故自力虽微，亦能往生。八、要信佛有不思议解脱法门，能于一微尘中，建立世界，假令十方众生，悉生其中，一切房屋及器具，皆不拥挤缺乏。九、要信每念一声佛，彼佛皆能听闻，皆能摄受。十、要信念佛人临命终时，彼佛必来接引往生极乐国，绝不再落六道轮回。总之，此事说不能尽，凡佛所说经，皆真实语，皆当深信，绝不可生疑心，疑能碍道，使愿行皆无法生起。若是有了信心，则自然愿意生其国土，愿意生其国土，则自然会依法起行了。

世人因根器不同之故，所以见解也不同。有人以为，净土是子虚乌有而不信。有人以为，人死即一切俱无，安有后世而不信。有人以为，生东生西，受苦受乐，那是偶然得来，哪有修因得果之事而不信。有人以为，念佛生西，是骗愚人劝之行善，其实哪有此事，释迦骗尽亿万人，单单骗不得我而不信。有人以为，西方佛国，纵使是有，也绝非单凭念几声佛，便会往生而不信。有人以为，人类贪嗔痴和利己心太重，若生极乐，依然还是旧性不改，绝不会立即变成善人而不信。有人以为，此间人类，作恶多端，理应一一受报，今言生极乐国后，便一概不算，一律取消，这与因果律不合，绝无此理而不信。有人以为，十念必生，全属胡说，这样只要所有众生都念十念，就都会往生，地狱也空了，世界也没人类了，世间哪有这样容易事而不信。有人以为，极乐国国土，及一切房舍器具，数量有限度，而往生人数，则源源而来，毫无限度，如此若说不会发生地荒、房荒、物荒、物资荒，便是自相矛盾而不信。有人以为，思衣便得衣，思食便得食，思什么便得什么，不假人力，天然成功，这无异说梦话，骗小孩子而不信。有人以为，极乐国金地莲池，七宝楼阁，不经设计营造，不需工料，便得成就，这是上古神话，太不合科学而不信。像这类疑问，在人类脑海中，真是太多，不能尽写，这里为篇幅所限，也不能一一详加解释。总而言之，若执此土的成见，把它比拟如来神变，和众生净识所综合生起的极乐世界，就好像蚂蚁在推测人类的国家社会中，种种复杂的组织和行动，就让它推测一万年，也还是从头错到底，这因为蚂蚁不是人的缘故。反回来说，吾人也不是佛，如何会明白佛的智慧神通呢？既是不明白，就毋庸瞎推测，只要大家相信佛的话去实行，就绝不会错，不会落空。若是自以为我是绝顶聪明，绝不受骗，这在智者看起来，完全愚笨，是福慧浅薄，所以不能消受这最难得最简捷的法门了。上面多就信的方面而说，并没有多说愿和行，理由是能信自起愿行，无须更加劝赞，如信床前入地一尺处有黄金，未有不愿发掘者，倘无举动，仍是未知未信。

（二）修十善作基本

十善者，即是身三善：不杀、不盗、不淫（出家当断淫，在家戒邪淫）。口四善：不妄语、不绮语、不两舌、不恶口。意三善：不贪、不嗔、不痴。此十善，是一切善法的根本，也是一切善法的基础，修法而不修十善，如建百尺高楼于烂泥上，绝无成功之望。《佛说十善业道经》时，告龙王言："此十善业，乃至能令十力、无畏、十八不共，一切佛法，皆得圆满，是故汝等应勤修学。龙王！譬如一切城邑聚落，皆依大地而得安住，一切药草卉木丛林，亦皆依地而得生长。此十善道，亦复如是，一切天人依之而立，一切声闻独觉菩提，诸菩萨行，一切佛法，咸共依此十善大地而得成就。"而《观无量寿经》中，佛告韦提希：欲生极乐国者，当修三福，其中第一福，便是孝养父母，奉事师长，慈心不杀，修十善业。所以念佛人必当修十善作净业基本，若是道念不切，十善有亏，则佛国恐难往生。以是故净土行人，应当时时戒慎恐惧，守护身口意三业，勿使作恶，一面勤恳念佛，则往生一事，便可操之胜算了。

（三）敦伦尽分

世法与出世法相表里，尤其在家佛子，未离社会家庭，所以做长官的，应像个长官，一心为国，一心为民。做僚属的，应像个僚属，忠于职守。做商贾的，应货真价实，童叟无欺。做医师的，应悲悯贫病，尽心诊疗。其余可以类推，不及备述。总之，应当明白：任务即是债务，唯一方面清偿苦债，积功累德，一方面修学佛法，乃有解脱之日。至于做父母的，要像个父母，做儿女的要像个儿女，做夫妇、兄弟、师生、朋友的，要像个夫妇、兄弟、师生、朋友，个个敦笃伦常，尽其本分，才能谈到出世法。若是世法已弄得一团糟，成为衣冠禽兽，出世要想成佛做祖，或念佛往生，则恐怕净业未成，孽果先熟，那便要堕入三恶道中去了。所以希望学者：修出世法时，不特莫把世法抛弃，并且要把世法干得停停当当，并无亏缺，来做出世法的基本，才有成功之望。倘先时有过咎在身，则必须从今痛改，更不再作，佛门广大，许人忏悔，忏悔之后，永不再作，或者翻过来广行善事，即是没有罪过了。如贮毒之碗，既经洗涤清净，便无毒了。

（四）广修功德回向愿生

《观无量寿经》载："佛告阿难及韦提希，上品上生者，若有众生愿生彼国者，发三种心，即便往生，何等为三？一者至诚心，二者深心，三者回向发愿心，具三心者，必生彼国。"经文中所谓之深心，即是广修功德，或乐集诸善法，所谓之回向发愿心，即是将所修功德，或所集善法，回向愿求生极乐世界。而弥陀发四十八愿中的第二十愿亦说："设我得佛，十方众生，闻我名号，系念我国，植众德本，至心回向，欲生我国，不果遂者，不取正觉。"这是说，世人若愿将其所作功德，回向求生我国者，必得如愿。为了回向一事，在佛法上太重要了，现在且把它的意义，略说一说：佛德号不可思议，清净八识不可思议，众生心不可思议，合此三不思议，成净土法，故净土法亦不可思议。照理行人单念佛号，已够往生，但是深心行者，修净土法时，除念佛外，更广修功德，回向愿生。一者，供养弥陀，庄严佛土；二者，作为助缘，增上道果；三者，发大乘心，学菩萨行，所以便不以单念佛号为满足。凡事不离因果，世间法如是，出世法也如是，所以不论善恶的念头，或善恶的行为，皆有其应得的后果。根据此种理由，可知行者修习善法，将来必得福报，此善法若属有漏的人天果，则将来报在人天，得不究竟乐，福尽仍堕。若属无漏的四圣果，则将来报在五不还天，或十方净土。行者为了不受人天福乐，或恐退堕，而自愿将其功德，作为往生极乐国的增上缘的缘故，则必须将功德搬往阿弥陀佛的极乐国去受报，如此则人天及他方净土的福报，即不成熟，而将来成熟受报的地点，必在极乐国，到了那时，净业便不成自成了。因为一切法唯心，心力能种业果，亦能转移业果，所以不论行者所修善业，是属于有漏或无漏，只要种因时，自己愿意将其应得福报，移向佛国，即此一念，不特能使八识田中的种子，立即为无漏习气所熏而变质，成为十足无漏的净法种子，并且连将来受报的地点，都可以预先自由决定，这是甚深微妙的唯识学理。此回向法，在佛法上所占的地位，太重要了，所以行者必须深信不疑，才会生效，万一夹杂一些狐疑的念头在里面，则心力便失却功用，便不能转变种子，所以若以狐疑心，修净土法，则失大利，就是这个缘故。阿弥陀佛深知种子可使变有漏为无漏，功德可以由此土移彼土，所以才敢发第二十愿，而千百年来，佛门大德，也深知其理，所以才敢撰回向发愿文，极力提倡把功德回向求生极乐国。行者不论作何功德，乃至施一钱之微，救一蚁之命，但于作完后，先观想阿弥陀佛在我前面，然后恭敬合掌，口念：

愿以此功德，庄严佛净土，上报四重恩，下济三涂苦；若有见闻者，悉发菩提心，尽此一报身，同生极乐国。

念过此偈之后，则所作功德，便能凭借佛我双方的心力，搬到极乐国，作往生资粮，庄严佛土，或为简单便利起见，即念下列四句，亦无不可：

谨以此功德，供养弥陀佛，愿我命终时，即生极乐国。

经此回向后，则不论所作功德，性质若何，是属于无漏或有漏，只要经过这一手续之后，均将成为十足无漏的出世间法，而阿弥陀佛为着曾发过第二十愿的关系，也不能不负责摄受了。

（五）慎终

人生的最后一念，其力量会决定来世投生的所在，照道理说，念佛人临终应得佛念，才会生于佛国，根据《阿弥陀经》所说：若人念佛七日，一心不乱，其人临命终时，佛及圣众，现在其前，是人心不颠倒，即得往生。经文所说，当然绝对可靠，唯是若净业不够精进之人，恐怕万一临终佛不来接引，则心便不能不颠倒，心若颠倒，则不能生极乐国，如此则在临危之际，极需要他人在旁助念，方能引发病人念佛之心，这便是助念会所根据之原理。其法应在平时集道友若干人，成立助念会，约定会友中无论何人，若于病危神昏时，得由其家属通知各会友，到病人房中，焚香念佛，如此则病人眼见佛像，耳闻佛声，鼻闻旃檀香味，自易引起净念，资助生西。兹将行者慎终办法，分段缮述于左，俾便参考。

1. 病重临危时

行人当病重时，得由家属通知各会友到家助念，若会友到家时，见病人神志尚未昏迷，则当一面劝其家属勿得哭泣，勿得对病人言及家事，询及遗嘱，致引起世念。一面嘱病人将身心一切放下，单持一句佛名，并为说：极乐国极其可乐，你今舍弃一切，生彼国中，至可欣贺，所有病痛，当知此乃多生宿业所招感，当暂忍之。病人若有关心之事，或放不下的念头，当设法排解，以软语、好语、方便语，安慰其心；更当针对其平时嘉言懿德，修行功行，加以赞叹，使之欢喜，俾其自信仗此功德，可以往生极乐世界。若是病人神志昏迷，不省人事，则助念者，但当持念佛名号，或轻敲法器，唯其音不宜嘈浊沉重为要。倘时间太长，则可用数人、轮流值念，务使佛声不断，直达气绝身冷时为止。

2. 命终之后

行人当命终时，除助念人仍应保持佛声不断外，并须劝止其眷属勿得哭泣，勿得搬动尸身，勿即为其涤体穿衣，勿发生巨大声响或震动，致恼惊亡者。因常人呼吸停止，心脏不跳，即谓之死，其实此时第八识尚未离去，若有哭泣声，或移动时触及尸身，则仍有感觉，恐生嗔恨，致堕恶道。经载：阿耆达王死时，因守尸人持扇驱蝇，误触王面，致王生恼怒，堕入蛇身。所以这一事极当慎重，最好有人在旁，为之继续念佛，使其正念不断，否则即当将门关上，不令人类及猫狗闯入，至于涤体穿衣，搬动手足，入殓落棺等事，最好须俟咽气八小时后，方得举行。

此外尚有一事，极宜注意：那便是家属或道友，往往好面子，不顾事实，以为修道人必须坐化，由是急于将死人扶起，为之盘腿叠掌，作趺坐姿势。殊不知死者此时第八识尚在，必感极端痛苦而起嗔心，是欲慕无谓之虚名，反使亡人，堕入三恶道。彼等独不思及：释迦世尊昔在拘尸那城，娑罗双树间，于二月十五日临涅槃时，实系卧化，难道释迦佛尚有道力不够之处，尚不足为法吗？如此看来，坐化卧化，只好顺其自然，不宜为图面子好看之故，致使亡人，蒙受实祸也。

3. 救度中阴

吾人之身体，为五蕴合成，五蕴亦称五阴，所以生时之身体，名为前阴，死后名为后阴，在已死而尚未投生之中间阶段，名为中阴。已死之人，当八识离体之时，即是中阴身的开始。欲界中阴身，大如五六岁小儿，诸根明利，有通力、记忆力，比生前强九倍。人死之后，虽然神识离开躯壳，成为中阴身，但此时中阴身尚留恋尸身附近，凡生人为尸身洗涤，脱穿衣服，以及眷属哭泣等，彼皆见之，每向生人询问，奈何生人不知不见，无一作答，彼乃懊丧万状，废然欲离去，旋又惊惧，中心无主。所以死者虽身体冷透，生人仍可向之说法，劝彼悉除贪嗔痴爱之心，一意求生净土。并可高声念佛，使中阴身得闻，生起净念，彼若生前曾有念佛，则此时极易度脱，生于净土。若生前不曾念佛，此时中心无主，环境上感凄凉无依，一闻佛名，必然借此一念，往生佛国。故生人若于此时高声念佛，对于亡人，不论其生前信不信佛法，或有无净土经验，均极为有益，此即救度中阴之法，大可行之。

4. 荐亡

尸身收敛既毕，丧事已告段落，此时孝子顺孙，应建佛事，超荐亡灵。不论亡人已否生西，若照忠厚报恩设想，均应为修建佛事，以资助之。若已生西，更增福慧，若未生西，可消灭宿孽，生于善道。荐亡法事最好是专念佛号，如家属能自加念《金刚经》《弥陀经》，或《大悲咒》等，念后回向亡人，作为生西资粮，固是大佳，若不能念经，则只念佛号亦可。至于亡人之遗物及财产等，如能将其卖却，将款布施贫病残疾人，或生产妇女，或造寺建塔，翻印经书，供养僧众，更将此功德，为其消除宿孽，回向佛国，则存者亡者均获巨益。

四、持名念佛

（一）实相、观想、持名三者之比较

念佛并不是专指口念，心念也算是念佛，所以念佛法中，除持名念之外，尚有实相念和观想念各法。实相念即是入第一义心，观佛法身实相，此其所得三昧，是真如三昧，亦名一行三昧。这一法门，本属于禅，但禅心所显的境界，便是净土，故亦摄于净土法中。此法非上上根器，不能悟入，故中下两根，便不能普被，所以在净土法中，很少有人提倡，而归禅门去提倡。其次即是观想念，这是依照《观无量寿经》中，对于阿弥陀佛极乐国的依正庄严，作十六种观法，观行若得纯熟，则开目闭目，无非极乐，立可转娑婆为净土，不俟命终，即身便游极乐国，功效之大，匪可言喻，此其所得的三昧，是般舟三昧，亦名佛立三昧。唯是观法微细深玄，有五种难成：一者，根钝则难成；二者，心粗则难成；三者，无善巧方便则难成；四者，认识不深刻则难成；五者，精力不及则难成。若要根利、心细、聪巧，再加上印象深刻、精神强旺，这就万不得一了，所以也不能普及，也是难行门。再次即是持名念了，持名念比较上述两种念法，容易得多，不论上中下根，但使能念，无不成功，念到一心不乱，便得三昧，此其所得的三昧，是念佛三昧。持名念佛一法，经过两千年来，佛门大德不断提倡和实行的结果，已成为最普遍而深入民间的佛法。就因为它有修必成，及三根普被，利钝全收的缘故，所以其所度脱的人数，也远非各宗所能望其项背，可以说占有佛法以来，得度总人数百分之七八十以上，所以若单就数量一项来计算，已足使各宗都黯然无色。其实它所含道理的广博渊深，不特较诸各宗，绝无逊色，并且各宗所有的精髓，竟无不包罗在内，实具有集各宗之大成之汪然气度。此所以论效果，论学理，论难易，确都卓然独步，无与比肩；于此可知世人瞧不起念佛法门，谓为系愚夫愚妇之所修者，此人之自身，即系一十足之愚夫愚妇，对于念佛法门里，所含有的原理，可以说是毫无认识，假使他是真有认识的话，那他对于净土这一方便法门，自然会佩服到五体投地，恐怕就是杀他的头，也要念呢！

（二）各种持名方法

所谓念佛或执持名号，即是念"南无阿弥陀佛"或"阿弥陀佛"之谓。这六个字，是由印度文译音而来，若译义，则南无是敬礼或归依，阿是无，弥陀是量，佛是觉者，所以将这六字合起来，就是敬礼无量觉者之意。这一尊阿弥陀佛，便是极乐国的教主，他曾发过：谁念我名号，此人命终时，便来接引往生我国之愿，这便是后人称念佛号之所根据。《弥陀经》里说过："彼佛寿命，及其人民，无量无边阿僧祇劫，故名阿弥陀。"所以也有人称他为无量寿佛，念佛号时便也念"南无无量寿佛"，这原无不可。不过称无量寿，则无量二字，便仅限于寿命，其范围和意义，便被限制了，所以不如称"南无阿弥陀佛"，把寿字除掉，较为广阔合理。考这一尊佛，除寿命无量外，其他如光明、尊严、慈悲、功德、神通、智慧等，皆是无可称量的，绝不可仅指明某一项，而把其余各项的意义，完全都抹杀，此所以称他为"无量寿"便不如称他为"阿弥陀"了。

为了要适应念佛时的环境和心境起见，为了要适合念佛人的根器起见，所以念法便有种种不同，每一种方法，都有它的作用，有它的特长。行人念佛时，可以自己选择下列合宜之方法，加以实行。若是念了些时，觉得此种方法，又不能镇定当时的心境时，便可以再换一种念法，如是一换再换，八换十换，均无不可，只要这一刻能定心扫除妄念的，便是这一刻的好方法。譬如医病，但医得病好的，便是对症良药，众生妄念是病，佛号是药，能除痼病，便是妙药。持名一法，原为净土修行途径之中坚，因其重要，故特将各种念法分别详述于下：

1. 高声念

念时声音洪大，把全身之精力，都贯注在一句佛号上，大有音若金石，声满天地之慨。此种方法，虽然稍嫌耗气喉哑，不能持久，但是它能对治昏沉懈怠、驱除相续的杂念。行者念佛时，若昏昏欲睡，或想入非非时，猛一提起精神，高声朗念，顿觉头脑清醒，正念恢复，仍旧有无穷活力，强大作用，并且会使闻声之旁人，亦生起念佛之心。昔永明禅师，在杭州南屏山顶念佛时，山下行人，觉其声音如天乐鸣空，高朗嘹亮，所用的就是这种念法。

2. 默念

念时自外表看来，只见动唇，并不出声，虽是不出声，但"南无阿弥陀佛"六字，在行者心识中，还是清清楚楚，明明白白，为了清楚明白之故，所以心不走失，正念得凝成一片，故其效力，并不减于有声。这一种念法，可用之于卧时、病时、沐浴、如厕时，或不便出声之旅次，及公共场所。

3. 金刚念

念时声音不大也不小，甚为中和；行者一面念，一面用耳听，不论四字念，或六字念，但能一字字听得分明，不走失，自然心定。此种念法，效力至大，故以金刚喻之，盖金喻其密，密则不为外境所渗入，刚喻其坚，坚则杂念无不破，在各种念佛方法中，独此最为常用。

4. 觉照念

念时一面称佛名号，一面回光返照自性，所以眼前虚灵超拔，但觉我心佛心，我身佛身，凝成一片，光奕奕，圆陀陀，境界辽阔，充塞十方，所有山河大地，房舍器具，一时顿失所在，乃至自己四大假身，亦不知落在何处，如此则报身未谢，已证寂光，佛号初宣，便入三昧，以凡夫身，预佛境界，无有较此更捷者；可惜非上上根人，不能领悟实行，故度机较狭。

5. 观想念

念时一面称佛名号，一面观想佛身相好庄严，卓立我前，或手摩我头，或衣覆我体，或再观想观音、势至，侍立佛旁，诸圣贤众，围绕于我，或者观想极乐国金地宝池，花开鸟鸣，宝树罗网，光辉严丽，如观想真切，即身便可游于极乐国土，如不真切，亦可作为念佛之助缘，使净业易于成办。倘久观令熟，平时已在心目中，存留甚深印象，一旦报体衰谢，此方尘缘，不复牵累，则极乐胜景，便一齐现前了。

6. 追顶念

念时用上面金刚念法，但将字与字之间，以及句与句之间，连缀得极其紧密，形成一字追一字，一句顶一句，中间不留间隙，所以名为追顶念。因为追顶紧密，不留间隙的缘故，杂念便无法乘机契入；此是念时情绪紧张，心口亢进，正念的威力，盖过一切，故能使无明心想，暂时归于沉寂，所以此种念法，效力至大，净业行人，多采用之。

7. 礼拜念

念时一边念一边拜，或念一句后拜一拜，或不论字句多寡，但边念边拜，边拜边念，成为念拜并行，身口合一，再加上意中思佛，便是三业集中，六根都摄。这样则吾人身体上，所有能发生作用的器官，全部都用在念佛上，更没有闲家具，能再涉及念佛以外之事，或念佛以外之念头了。所以此法是特别精进，效力也特别大，唯是拜久则身劳气喘，故只宜兼用，不宜专用。

8. 记十念

念时用念珠记数，每念十句佛号，拨过一粒念珠，或用三三三一制，或用三二三二制，皆于第十句念毕后，拨过一珠。如此心中既要念佛，还要记数，不专也要专，若不专心时，则数目便错乱了；所以此一法可算是强迫专心的方便法，故对治杂念，极有功效。

9. 十口气念

念时但用追顶法念去，不论佛号多寡，但以尽一口出气为度，待到出气已促，势须抽吸进一口气，方能再续念时，名为一口气，如是十次，名为十口气。此系专为每日并无暇晷念佛之极忙人，而特设的方便法，大约念完十口气，只需五分钟左右，每日只需念过一次十口气，便够往生极乐国，所以纵使极忙人，也能做到。此是根据弥陀第十八愿：十方众生，欲生我国，乃至十念，若不生者，不取正觉之愿文而设；据古人研究结果，谓所谓十念，即是十口气，因为佛愿甚广，而净土法又最切实，所以虽仅十念，临终佛亦必来迎也。

10. 定课念

念佛最怕的是始勤终懈，无有恒心，故古今行人，每将念佛一事，定为按日功课，只要日日实行，便是道心不退。佛号多寡，规定时可以不拘，古人中每日定为十万、七万、五万等，皆为常有之举，可见其精进。总之，此事当斟酌环境，及自身力量，定为功课，既定之后，无论如何忙法，也要把它念完，否则次日即当照补，养成习惯。若起初借一股勇气，定得太多，以致后来做不到，则不好，若定得太少，则近于懈怠，亦不好，所以在决定之时，是要细加斟酌的。

11. 四威仪中皆念

行者净种纯熟，则念佛自会精进，由于勇往直前的结果，便不以定课为满足，在定课之外，不论日里夜里，除睡眠外，几乎无时无刻不念，这便是行住坐卧，四威仪中皆念，久之成为习惯，则一句弥陀，永不离口矣！这在古人往生传中，就比比皆是，有的业打铁，便一面打，一面念；有的业磨豆腐，便一面磨，一面念，最后都是声音一停，便已立化。这都大可作为吾人之借镜，果能做到这种程度，则定课和不定课，便不成问题了。

12. 念不念皆念

上述四威仪中皆念，是指口念，此处念不念皆念的最后一念字，是指心念，照题目即是说：不论口念，或口不念，而心中皆是在念佛。这样说起来，口念时心中固是在念佛，即使口不念时，心中也是在念佛，这就于持名之外，又加上忆想，当忆想时，也正在持名，所以与单是口念时才想佛者，又有不同。行者果能做到：不论何时何地，也不论口念口不念，意中都是在思佛，如此则净念坚牢，心如铜墙铁壁，风吹不入，脚踢不破，没有一丝世念染念能够闯得进去。此时念佛三昧，不成自成，往生彼国，便如操之胜算了。古人说：念而不念，不念而念，即是这种境界，若不是念佛有年，功行纯熟，则绝做不到，所以不是初学者所能行。

五、发往生极乐愿

（一）发愿之重要性

藕益大师说："得生与否，全由信愿之有无；品位高下，全由持名之深浅。"但是行者在极乐国的品位高下，不是问题所在，问题仍在能得生与否？也就是说：行持深浅，不是问题所在，问题仍在信愿有无。信愿行是净土三资粮，资粮不具，绝不得往生，所以发愿在净法中占极其重要的地位。阿弥陀佛往昔以发四十八愿，为极乐国缘起，自是之后，十方众生亦以发愿往生为净行根据，一是愿接，一是愿往，两愿俱全，则自他二力乃备，所以修净业者，必须发往生愿。弥陀四十八愿中的第十九愿分明说：若人至心发愿欲生其国，寿终必来接引，故有愿必生。而《弥陀经》中，佛告舍利弗："若有人已发愿，今发愿，当发愿，欲生阿弥陀佛国者，是诸人等，皆得不退转于阿耨多罗三藐三菩提，于彼国土，若已生，若今生，若当生。"此即说明：今生发愿，今生必生。《华严经》中，亦曾说过："是人临命终时，最后刹那，一切诸根，悉皆散坏；一切亲属，悉皆舍离；一切威势，悉皆退失。唯此愿望，不相舍离，于一切时，引导其前，一刹那中，即得往生极乐世界。"即此便见发愿之功用。这样看起来，发愿往生极乐国，是净土行人所必须实行的一宗大事，不当忽略，致失大利。

古今行人，发往生极乐国愿者极多，故愿文亦多，其中字句虽千差万别，或详或简，而其大略，则总不外叙明：愿于今生命尽后，即生极乐国之意。中尤以莲池大师、慈云忏主之发愿文，及大慈菩萨之发愿偈等最为详善，但若就不繁不简方面言之，似以慈云忏主发愿文为最合适。兹谨将前人愿文数首，并发愿仪式，抄录于下，俾作参考：行者发愿时，可在佛前，诚心照念一遍，即可算是已发愿，命终之时，决定可以蒙佛接引，往生极乐国。若欲自撰愿文亦可，但总当明白说出：我今以念佛因缘，求生净土，愿于命终时，佛来接引，往生极乐国之意。因为修净土人，若工夫未十分真切纯熟，则临死时，为病苦故，或致陷于昏迷状态；为眷属情爱，难于分舍故，或致陷于痴恋；为田庐财产，难于忘怀故，或致陷于悲痛；为怨忿念头，未能平息故，或致陷于嗔恨。其他如各种横死，临终时，无不极度痛苦，绝不能念佛，或时间太骤，来不及念佛，若非佛现在其前，则不但净念将无由生起，并且将因痛苦嗔恨的缘故，堕三恶道中，为了这一理由，所以愿文中，必须提及请佛前来接引这一事，方为稳妥。发愿时，或到佛寺，于烧香拜佛后，跪在佛前发愿，或在家中佛像前行之均可，再不然即用一张红纸条，写上"南无十方三世佛菩萨"贴在壁上，对之烧香行礼发愿，亦无不可，但切勿在神道前行之。

（二）介绍前人愿文及发愿仪式

1. 前人愿文

莲池大师发愿文

稽首西方安乐国，接引众生大导师；我今发愿愿往生，唯愿慈悲哀摄受。

我今普为四恩三有，法界众生，求于诸佛一乘无上菩提道故，专心持念阿弥陀佛万德洪名，期生净土。又以业重福轻，障深慧浅，染心易炽，净德难成。今于佛前，翘勤五体，披沥一心，投诚忏悔。我及众生，旷劫以来，迷本净心，纵贪嗔痴，染秽三业，无量无边，所作罪垢，无量无边，所结冤业，愿悉消灭。从于今日，立深誓愿，远离恶法，誓不更造，勤修圣道，誓不退惰，誓成正觉，誓度众生。阿弥陀佛，以慈悲愿力，当证知我，当哀悯我，当加被我，愿禅观之中，梦寐之际，得见阿弥陀佛金色之身，得历阿弥陀佛宝严之土，得蒙阿弥陀佛甘露灌顶，光明照身，手摩我头，衣覆我体，使我宿障自除，善根增长，疾空烦恼，顿破无明，圆觉妙心，廓然开悟，寂光真境，常得现前。

至于临欲终前，预知时至，身无一切病苦厄难，心无一切贪恋迷惑，诸根悦豫，正念分明，舍报安详，如入禅定。阿弥陀佛，与观音、势至，诸圣贤众，放光接引，垂手提携，楼阁幢幡，异香天乐，西方圣境，昭示目前，令诸众生，见者闻者，欢喜感叹，发菩提心。我于尔时，乘金刚台，随从佛后，如弹指顷，生极乐国，七宝池内，胜莲花中，花开见佛，见诸菩萨，闻妙法音，获无生忍，于须臾间，承事诸佛，亲蒙授记。得授记已，三身四智，五眼六通，无量百千陀罗尼门，一切功德，皆悉成就，然后不违安养，回入娑婆，分身无数，遍十方刹，以不可思议自在神力，种种方便，度脱众生，咸令离染，还得净心，同生西方，入不退地。

如此大愿，世界无尽，众生无尽，业及烦恼，一切无尽，我愿无尽，愿今礼佛，发愿修持功德，回施有情，四恩总报，三有齐资，法界众生，同圆种智。

慈云忏主发愿文

一心归命，极乐世界，阿弥陀佛，愿以净光照我，慈誓摄我。我今正念，称如来名，为菩提道，求生净土。佛昔本誓："若有众生，欲生我国，志心信乐，乃至十念，若不生者，不取正觉。"以此念佛因缘，得入如来大誓海中，承佛慈力，众罪消灭，善根增长，若临命终，自知时至，身无病苦，心不贪恋，意不颠倒，如入禅定，佛及圣众，手执金台，来迎接我，于一念顷，生极乐国，花开见佛，即闻佛乘，顿开佛慧，广度众生，满菩提愿。十方三世一切佛，一切菩萨摩诃萨，摩诃般若波罗蜜。

大慈菩萨发愿偈

十方三世佛，阿弥陀第一，九品度众生，威德无穷极。我今大归依，忏悔三业罪，凡有诸福善，至心用回向。愿同念佛人，感应随时现，临终西方境，分明在目前，见闻皆精进，同生极乐国，见佛了生死，如佛度一切。无边烦恼断，无量法门修，誓愿度众生，总愿成佛道。虚空有尽，我愿无穷。

白话简单发愿文

南无阿弥陀佛，我现在发愿，愿我死了之后，即生极乐世界，求佛到那时来迎接我。

2. 发愿时仪式

①念佛号不拘多少，多多益善。

②南无十方三世佛菩萨。（三称三拜）

③南无本师释迦牟尼佛。（三称三拜）

④南无西方极乐世界大慈大悲接引大导师阿弥陀佛。（三称三拜）

⑤南无观世音菩萨。（三称三拜）

⑥南无大势至菩萨。（三称三拜）

⑦南无清净大海众菩萨。（三称三拜）

⑧读发愿文。

⑨念："某年某月某日，众生×××，今在"中华民国"某某地方发愿，愿于命终时，蒙阿弥陀佛接引，往生极乐世界已竟。"

这是于未发愿前先礼请上列诸佛菩萨，前来证明，然后发愿，则证见俱足。发愿后再加叙年月日、发愿人姓名、发愿地点、发愿已毕等文字，经这一举动之后，发愿一事，已成铁案，不可磨灭，死后往生，竟可千稳万当，不但自心中信得过，并且释迦弥陀及诸佛菩萨，也不能不负其责了。

六、以观想辅助持名

（一）观想较持名为难

观想一法，原极重要，净土行人，若不念佛名号，单凭观想，亦可往生。《观无量寿经》中十六种观法，说得甚详，皆可依之修观，若修得成功，当然是可以往生极乐世界。即修《往生论》内所列的二十九种观法，亦能赞助往生。唯是：一者，境界广阔微细，不易观想忆持；二者，身未历其境，印象渺茫，全凭臆构，未免失真；三者，末法众生，障重智劣，心杂事繁，思虑不能集中；有此三因，故观法较难。若专修观，不修他法，恐无成功之望，所以净土行人，一向罕修观法，多事持名。但是观想是净土法门中，一大作用，它的效力，会直达第八识，发挥抑染扶净之功能，促使净种子早熟，见佛成办。倘若用志不分，观心明利，能立转娑婆为极乐，所以若予放弃，极为可惜。现在最好最适宜的办法，就是以持名为主，观想为辅，因为有了持名作根本，所以观想的成功或不成功，已是不成问题。若能成功，固大佳事，即使不成功，对于持名多少总得做增上缘。如此吾人就可以得到一个很清楚的结论，那便是：（1）专修观想，不兼修他法，则很难成功。（2）若把观想辅助持名，则可使净业增上，而又毫无流弊。这样看起来，以观想辅助念佛的是妙法，大可实行。兹谨录《观无量寿经》中十六种观法，及《往生论》中二十九种观法于后，请行者如法作观，功德无量，若不能作观者，则弃而不用，单用持名，亦是千稳万当，可以保证往生。

行者修以下第二节和第三节观法时，宿感于境界广大烦琐，不能遍观，或观之未能真切时，则只作一观两观皆可。或在一观中，仅观及其一小部分，或今日作此观，明日作彼观，均无不可。修法时，不作空观，不怕法执，贪多务得，皆所不忌，此是净土法门特色；为着有十念必生，万修万成之持名念佛法作中坚，作后劲的缘故，所以修观可以作为辅助净业之用，为了仅使观法立在辅助的地位故，成功和不成功便不成问题。譬如制一张桌子，务将持名法作为木材，观想法作为油漆，木制桌子，既已成功，则油漆之成功与否，便不是重大问题。又如纺纱织布，务将持名法作为经纬，观想法作为印花，纱织布匹，既已成功，则印花之成功与否，便不是重大问题。若明此义，则可算是善于运用了。

假如有人驳斥我说："《观无量寿经》是释尊为一切众生，为烦恼贼之所害者，持开观想法门。今何得妄加贬抑，仅许作为净土法的佐助之用？"此种谴责，我当认罪。但是从释尊开净土法门起算，此土众生，由持名而生彼国者若干人？由观想而生彼国者若干人？这两类数量的悬殊，是两土果人所非常清楚的，由于数目相差太远，而此时又值末法，所以我才敢普劝以持名为主，以观想为辅。如此若两法俱成，固是最好，若一成一不成，有了任何一边，亦够往生；只为持名法易成故，权以为主；观想法难成故，权以为辅，我这样的决定，自认为并无违背经教之处。昔善导大师虽着"观念阿弥陀佛相好功德法门"说及观想念佛之修法，但他却教人专持佛名，不须作观，其所持理由是："众生障重，境细心粗，识扬神飞，观难成就。"可知其说观想者，乃为利根上智，备此一格；而为普通人说法，则专指持名，这便是古德接引后进的方便善巧处。

（二）依观无量寿经作观

日想初观 正坐向西，观日没处，想见日欲没状，有如悬鼓，红圆光辉，在地平线上，闭目开目，皆令明了。

水想第二观　次作水想，意不分散，见水澄清；既见水已，再作水结冰想，既见冰已，再作琉璃想。此观成已，再以之观极乐国琉璃地，映彻通明，下有金刚七宝金幢，擎琉璃地，其幢八方，八楞具足，一一方面，百宝所成，一一宝珠，有千光明，一一光明，八万四千色，映琉璃地，如亿千日，不可具见。琉璃地上，以黄金绳，杂厕间错，以七宝界，分齐分明，一一宝中，有五百色光，其光如花，又似星月，悬处虚空，成光明台，楼阁千万，百宝合成，于台两边，各有百亿花幢，无量乐器，以为庄严，八种清风，从光明出，鼓此乐器，演说苦空无常无我之音。

地想第三观　水想成时，闭目开目，不令散失，唯除食时，恒忆此事，如此想者，名为粗见极乐国地，若得三昧，见彼国地，了了分明，不可具说。此观成已，舍身他世，必生净国。

树想第四观　观七重行树，一一树，高八千由旬，七宝花叶，无不具足，一一花叶，作异宝色，琉璃色中，出金色光；玻璃色中，出红色光；玛瑙色中，出砗磲光；砗磲色中，出绿真珠光；珊瑚琥珀，一切众宝，以为映饰。妙真珠网，弥覆树上，一一树上，有七重网；一一网间，有五百亿妙华宫殿，如梵王宫，诸天童子，自然在中；一一童子，五百亿释迦毗楞伽摩尼，以为璎珞。

其摩尼光，照百由旬，犹如和合百亿日月，不可具名，众宝间错，色中上者。此诸宝树，行行相当，叶叶相次，于众叶间，生诸妙花，花上自然有七宝果。一一树叶，纵广正等二十五由旬，其叶千色，有百种画，如天璎珞，有众妙花，作阎浮檀金色，如旋火轮，宛转叶间，涌生诸果。如帝释瓶，有大光明，化成幢幡无量宝盖，是宝盖中，映现三千大千世界，一切佛事，十方佛国，亦于中现，见此树已，亦当次第一一观之，观见树茎枝叶花果，皆令分明。

八功德水想第五观 次观极乐国有八池水，一一池水，七宝所成，其宝柔软，从如意珠王生，分为十四支；一一支，作七宝妙色，黄金为渠，渠下皆以杂色金刚，以为底沙。一一水中，有六十亿七宝莲花；一一莲花，团圆正等十二由旬。其摩尼水，流注花间，寻树上下，其声微妙，演说苦、空、无常、无我诸波罗蜜。复有赞叹诸佛相好者，如意珠王，涌出金色，微妙光明，其光化为百宝色鸟，和鸣哀雅，常赞念佛、念法、念僧。

总观想第六观 观众宝国土，一一界上，有五百亿宝楼，其楼阁中，有无量诸天，作天伎乐，又有乐器，悬处虚空，如天宝幢，不鼓自鸣，此众音中，皆说念佛、念法、念僧，此想成已，名为粗见极乐世界宝树宝地宝池。若见此者，除无量劫极重恶业，命终之后，必生彼国。

花座想第七观 于七宝地上，作莲花想，令其莲花，一一叶上，作百宝色，有八万四千脉，犹如天画，脉有八万四千光，了了分明，皆令得见。花叶小者，纵广二百五十由旬，如是莲花，具有八万四千叶，一一叶间，有百亿摩尼珠王，以为映饰；一一摩尼珠，放千光明，其光如盖，七宝合成，遍覆地上，释迦毗楞伽宝，以为其台。此莲花台，八万金刚甄叔迦宝，梵摩尼宝，妙真珠网，以为校饰。于其台上，自然而有四柱宝幢，一一宝幢，如百千万亿须弥山，幢上宝幔，如夜摩天宫，复有五百亿微妙宝珠，以为映饰；一一宝珠，有八万四千光；一一光，作八万四千异种金色；一一金色，遍其宝土，处处变化，各作异相，或为金刚台，或作真珠网，或作杂花云，于十方面，随意变现，施作佛事。若欲念彼阿弥陀佛者，当先作此花座想，作此想时，不得杂观，皆应一一观之，一一叶，一一珠，一一光，一一台，一一幢，皆令分明，如于镜中，自见面像。此想成者，灭除五万亿劫生死之罪，必定当生极乐世界。

像想第八观 见花座已，次当想佛，闭目开目，见一宝像，如阎浮檀金色，坐彼花上。见像坐已，心眼得开，了了分明，见极乐国七宝庄严，宝地宝池，宝树行列，诸天宝幔，弥覆其上，众宝罗网，满虚空中，见如此事，极令明了，如观掌中。见此事已，复当更作一大莲花，在佛左边，如前莲花，等无有异；复作一大莲花，在佛右边。想一观世音菩萨像，坐左花座，亦作金色，如前无异。想一大势至菩萨像，坐右花座，此想成时，佛菩萨像，皆放光明，其光金色，照诸宝树，一一树下，亦有三莲花，诸莲花上，各有一佛二菩萨像，遍满彼国，此想成时，行者当闻水流光明，及诸宝树，凫雁鸳鸯，皆说妙法，出定入定，恒闻妙法。行者所闻，出定之时，忆持不舍，令与修多罗合，若不合者，多为妄想，若与合者，名为粗想见极乐世界。作是观者，除无量亿劫生死之罪，于现身中，得念佛三昧。

遍观一切色身想第九观 前想成已，次当更观无量寿佛身相光明，佛身金色，高六十万亿那由他恒河沙由旬。眉间白毫，右旋宛转，如五须弥山，佛眼如四大海水，青白分明，身诸毛孔，演出光明，如须弥山彼佛圆光，如百亿三千大千世界，于圆光中，有百万亿那由他恒河沙化佛，一一化佛，有无数化菩萨以为侍者。无量寿佛，有八万四千相，一一相中，各有八万四千随形好，一一好中，复有八万四千光明，一一光明，遍照十方世界念佛众生，摄取不舍。其光相好，及与化佛，不可具说，但当忆想，令心眼见。见此事者，即见十方一切诸佛，以见诸佛故，名念佛三昧，作是观者，名观一切佛身，以观佛身故，亦见佛心。佛心者，大慈悲是，以无缘慈，摄诸众生。作此观者，舍身他世，生诸佛前，得无生忍，是故智者，应当系心，谛观无量寿佛。观无量寿佛者，从一相好入，但观眉间白毫，极令明了，见眉间白毫相者，八万四千相好，自然当现。见无量寿佛者，即见十方无量诸佛，现前授记。

观观世音菩萨真实色身相第十观　见无量寿佛已，亦应观观世音菩萨，此菩萨身长八十亿那由他由旬，身紫金色，顶有肉髻，项有圆光，光中有五百化佛，一一化佛，有五百化菩萨，无量诸天，以为侍者。举身光中，五道众生，一切色相，皆于中现。顶上毗楞伽摩尼宝以为天冠，其天冠中有一立化佛，高二十五由旬。菩萨面金色，眉间毫相，备七宝色，流出八万四千种光明，一一光明，有无数化佛，一一化佛，无数化菩萨以为侍者，满十方世界。譬如红莲花色，有八十亿光明，以为璎珞，其璎珞中，普现一切诸庄严事。手掌作五百亿杂莲花色，手十指端，各有八万四千画，犹如印文，一一画，有八万四千色，一一色，有八万四千光，其光柔软，普照一切，以此宝手，接引众生。举足时，足下有千辐轮相，自然化成五百亿光明台，下足时，有金刚摩尼花，布散一切，莫不弥满。其余身相，众好具足，如佛无异，唯顶上肉髻，及无见顶相，不及世尊。作是观者，不遇诸祸，净除业障，除无数劫生死之罪。若有观此菩萨者，先观顶上肉髻，次观天冠，其余众相，亦次第观之，悉令明了。如此菩萨，但闻其名，获无量福，何况谛观！

观大势至菩萨色身相第十一观 次观大势至菩萨，此菩萨身量大小，如观世音，圆光面各百二十五由旬，照二百五十由旬，举身光明，照十方国，作紫金色，有缘众生，皆悉得见，但见此菩萨一毛孔光，即见十方无量诸佛净妙光明，是故号无边光。以智慧光，普照一切，令离三涂，得无上力，是故号大势至。此菩萨天冠，有五百宝花，一一宝花，有五百宝台，一一台中，十方诸佛净土，皆于中现。顶上肉髻，如钵头摩花，于肉髻上，有一宝瓶，盛诸光明，普现佛事，余诸身相，如观世音，等无有异。此菩萨行时，十方世界，一切震动，当地动处，有五百亿宝花，一一宝花，庄严高显，如极乐世界。此菩萨坐时，七宝国土，一时动摇，从下方金光佛刹，乃至上方光明王佛刹，于其中间，无量尘数，分身无量寿佛，分身观音势至，皆悉云集极乐国，略塞空中，坐莲花座，演说妙法。作是观者，除无数劫生死之罪，不处胞胎，常游诸佛净妙国土。

普观想第十二观 当思自身生于极乐世界，于莲花中结跏趺坐，作莲花合想，作莲花开想，莲花开时，有五百色光，来照身想，眼目开想，见佛菩萨满虚空中，所出声音，并水鸟树林，皆演妙法，与十二部经合。若出定之时，忆持不失，名见极乐世界，无量寿佛化身无数，与观音、势至，常来至此人之所。

杂观想第十三观　如先所说无量寿佛身量无边，非是凡夫心力所及；今先当观一丈六像，在池水上，身真金色，圆光化佛，及宝莲花，如上所说，观音、势至于一切处，身同众生，但观首相，知是观世音，知是大势至。

上辈生想第十四观　上品上生者，生前应发三种心：一者至诚心，二者深心，三者回向发愿心，具三心者，必生彼国。复有三种众生，当得往生：一者慈心不杀，具诸戒行，二者读诵大乘方等经典，三者修行六念，回向发愿，愿生彼国，具此功德，一日乃至七日，即得往生。生彼国时，此人精进勇猛故，阿弥陀佛，与观音势至，无数化佛，百千比丘声闻众，无量诸天，七宝宫殿，现在其前。观世音菩萨执金刚台，与大势至菩萨，至行者前，阿弥陀佛放大光明，照行者身，与诸菩萨授手迎接，赞叹劝进，行者欢喜，自见其身乘金刚台，随从佛后，如弹指顷，往生彼国。生已见佛菩萨色相具足，光明宝林，演说妙法，闻已即悟无生法忍，经须臾间，历事诸佛，遍十方界，于诸佛前，次第受记，还至本国，得无量百千陀罗尼门。

上品中生者：不必受持读诵方等经典，善解义趣，于第一义，心不惊动，深信因果，不谤大乘，以此功德，回向愿求生极乐国。行者命欲终时，阿弥陀佛与观音势至，无量大众眷属围绕，持紫金台，至行者前，赞言：法子！汝行大乘，解第一义，是故我今来迎接汝。说已与千化佛，一时授手，行者自见坐紫金台，合掌赞佛，如一念顷，即生彼国池中，莲花经宿则开，行者身紫磨金色，足下有七宝莲花，佛光照身，目即开明，普闻众声，说甚深第一义谛，即下金台，七日赞佛，于无上正觉，得不退转，应时即能飞行十方，历事诸佛，于诸佛所，修诸三昧，经一小劫，得无生忍，现前受记。

上品下生者：亦信因果，不谤大乘，但发无上道心，以此功德回向愿求生极乐国。行者命欲终时，阿弥陀佛及观音势至，与诸菩萨，持金莲花，化作五百佛，来迎此人，五百化佛，一时授手，赞言：法子！汝今清净，发无上道心，我今迎汝。见此事时，即见自身坐金莲花，坐已花合，随世尊后，即得往生七宝池中，一日一夜，莲花乃开，七日之中，乃得见佛，虽见佛身，于众相好，心不明了，于三七日后，乃了了见，闻众音声，皆演妙法，游历十方，供养诸佛，于诸佛前，闻甚深法，经三小劫，得百法明门，住欢喜地。

中辈生想第十五观 中品上生者：若人受持五戒，持八戒斋，修行诸戒，不造五逆，无众过患，以此善根，回向愿求生极乐国，临终阿弥陀佛与诸眷属围绕，放金色光，至其人所，演说苦、空、无常、无我，赞叹出家，得离众苦。行者见已，心大欢喜，自见己身坐莲花台，长跪合掌，为佛作礼，未举头顷，即生极乐世界，莲花寻开，闻众音赞叹四谛，即得阿罗汉道，三明六通，具八解脱。

中品中生者：若人一日一夜持八戒斋，或一日一夜持沙弥戒，或一日一夜持具足戒，威仪无缺，以此功德，回向愿求生极乐国，戒香熏修。如此行者命欲终时，见阿弥陀佛与诸眷属放金色光，持七宝莲花，至行者前，行者自闻空中有声，赞言：善男子！如汝善人，随顺三世诸佛教故，我来迎汝。行者自见坐莲花上，莲合即合，生于极乐世界，在宝池中七日，莲花乃开，开目合掌，赞叹世尊，闻法欢喜，得须陀洹，经半劫已，成阿罗汉。

中品下生者：若人孝养父母，行世仁慈，此人命欲终时，遇善知识，为其广说阿弥陀佛国土乐事，亦说法藏比丘四十八愿，闻已命终。如屈伸臂顷，即生极乐世界，经七日，遇观音势至，闻法欢喜，得须陀洹，过一小劫，成阿罗汉。

下辈生想第十六观 下品上生者：或有众生，作众恶业，虽不诽谤方等经典，多造恶法，无有惭愧。命欲终时，遇善知识，为说大乘十二部经首题名字，以闻如是诸经名故，除却千劫极重恶业。智者复教合掌称南无阿弥陀佛，称佛名故，除五十亿劫生死之罪。尔时彼佛，即遣化佛，化观音势至，至行者前，赞言：善男子！以汝称佛名故，诸罪消灭，我来迎汝。行者即见化佛光明满其室，见已欢喜，即便命终，乘宝莲花，随化佛后，生宝池中，经七七日花开，观音势至放大光明，住其人前，为说甚深十二部经，闻已信解，发无上道心，经十小劫，具百法明门，得入初地。

下品中生者：或有众生，毁犯五戒八戒，及具足戒，偷僧祇物，盗现前僧物，不净说法，无有惭愧。如此罪人，应堕地狱，命欲终时，地狱众火，一时俱至。遇善知识，为赞说阿弥陀佛十力威德，广赞彼佛光明神力，亦赞戒定慧、解脱、解脱知见，此人闻已，除八十亿劫生死之罪，地狱猛火，化为清凉风，吹诸天花，花上皆有化佛菩萨，迎接此人，如一念顷，即得往生七宝池中，莲花之内，经六劫花开，观音势至，以梵音安慰彼人，为说大乘甚深经典，闻已即发无上道心。

下品下生者：或有众生，作不善业，五逆十恶，具诸不善，应堕恶道，经历多劫，受苦无穷。此人命终时，遇善知识，种种安慰，为说妙法，教令念佛，彼人苦逼，不遑念佛，善友告言："汝若不能念彼佛者，应称无量寿佛，如是至心，令声不绝。"具足十念，称南无阿弥陀佛，称佛名故，于念念中，除八十亿劫生死之罪。命终之时，见金莲花，犹如日轮，住其人前，如一念顷。即得往生极乐世界，于莲花中，满十二大劫花开，观音势至，以大悲声，为说诸法实相，除灭罪法，闻已欢喜，发菩提心。

（三）依往生论作观

世亲菩萨，著《往生净土论》，亦名《无量寿经优波提舍愿生偈》，内将极乐国之众生世间清净，分为属于佛功德成就者，有八种；属于菩萨功德成就者，有四种；而于器世间清净中之国土功德成就，则分为十七种；共二十九种，教读者分别观察，所以亦是一种观想。不过此种观想，属于应认识之成分为多，属于应思维之成分为少，与观经十六观法，又有不同。兹将其列表于下，行者若能依照作观，则对于极乐国，亦必多留印象，可以赞助往生。

甲、众生世间清净

①八种观佛功德成就

序种	功德成就类	偈语	意义
1	座庄严	无量大宝王，微妙净花台。	观佛以无量大宝花王所成之微妙清净莲花台为座。
2	身庄严	相好光一寻，色像超群生。	弥陀身光无量，难于观想，今姑依此土众生观释迦例，以身光一寻为标准，一寻合八尺，如来既相好，而又有光，所以超过群生。
3	口庄严	如来微妙声，梵响闻十方。	佛语言声音微妙，有如梵天，声响能普闻十方。
4	心庄严	同地水火风，虚空无分别。	佛以平等心，普度众生，不生分别，如世间万物，不论精粗美恶，地皆能载，水皆能漂，火皆能烧，风皆能吹，虚空皆能容。
5	众庄严	天人不动众，清净智海生。	极乐国若天若人，若不动业诸众，皆由佛之清净智慧功德海力，令得往生。
6	上首庄严	如须弥山王，胜妙无过者。	上首指大乘不退大菩萨，功德巍巍，如须弥山王，无能过者。
7	主庄严	天人丈夫众，恭敬绕瞻仰。	此从上首诸大菩萨中，显出以佛为主，此主为众所敬绕瞻仰。
8	不虚作住持庄严	观佛本愿力，遇无空过者，能令速满足，功德大宝海。	生极乐国遇阿弥陀佛者，无有空过，其本愿力，能令众生速满足功德宝海，圆证菩提。

②四种观音菩萨功德成就

序种	功德成就类	偈语	意义
1	于一佛土，身不动摇，而遍十方种种应化，如实修行，常作佛事。	安乐国清净，常转无垢轮，化佛菩萨日，如须弥住持。	菩萨依极乐国清净，常转无垢法轮，使一切众生，离烦恼垢染，虽化佛化菩萨，然其报身，则安住不动，如须弥住持也。
2	彼应化身一切时不前不后，一心一念放大光明，悉能遍至十方世界教化众生，种种方便修行所作，灭除一切众生苦故。	无垢庄严光，一念及一时，普照诸佛会，利益诸群生。	无垢光能于一念间，或一时间，普照诸佛国，利益群生，灭除苦恼。
3	彼于一切世界无余，照诸佛会大众无余，广大无量供养恭敬赞叹诸佛如来。	雨天乐花衣，妙香等供养，赞佛诸功德，无有分别心。	彼等悉能雨一切庄严供，具如乐、花、衣、香类，供养赞叹诸佛。
4	彼于十方一切世界无三宝处，住持庄严佛法僧宝功德大海，遍示令解如实修行。	何等世界无，佛法功德宝，我皆愿往生，示佛法如佛。	彼能以慧眼观察：何处无佛宝法宝之世界，而愿往生其处，建立佛法，如佛无异。

乙、器世间清净

十七种观国土功德成就

序种	功德成就类	偈语	意义
1	清净功德成就	观彼世界相，胜过三界道。	观极乐国是出世间无漏清净善根之所成就，胜过三界六道。
2	量功德成就	究竟如虚空，广大无边际。	极乐世界，量等虚空，广大而无边际，假使十方一切众生，悉皆往生，亦能容纳。
3	性功德成就	正道大慈悲，出世善根生。	性即种子，即因性，彼国三乘同修之八正道，及大乘不共法之慈悲心，皆为种子因性所生起，显因果皆清净无漏。
4	形相功德成就	净光明满足，如镜日月轮。	国内种种形色，皆悉光明满足，映照十方，如镜之澈，亦如日月之晖。
5	种种事功德成就	备诸珍宝性，具足妙庄严。	事物皆具珍宝性，具足美妙庄严。
6	妙色功德成就	无垢光焰炽，明净曜世间。	极乐国种种显色，皆晶洁无垢，光明炽盛，照耀一切世间。

序种	功德成就类	偈语	意义
7	触功德成就	宝性功德草，柔软左右旋，触者生胜乐，过迦旃邻陀。	宝性功德之草，极为柔软，能令触者，生快乐感，过于印度极微细柔软之迦旃邻陀草。
8	庄严功德成就	一、水庄严，偈曰：宝花千万种，弥覆池流泉，微风动花叶，交错光乱转。 二、地庄严，偈曰：宫殿诸楼阁，观十方无碍，杂树异光色，宝栏遍围绕。 三、虚空庄严，偈曰：无量宝交络，罗网遍虚空，种种铃发响，宣吐妙法音。	庄严分为三类：一者水，二者地，三者虚空，如上所述。
9	雨功德成就	雨花衣庄严，无量香普熏。	彼土从空所雨者，有花衣等各庄严具，皆有香气，普熏其国。
10	光明功德成就	佛慧明净日，除世痴暗冥。	佛智慧之光，能破众生之痴心暗冥，犹如日光明净，能破世间色法之昏暗。
11	妙声功德成就	梵声语深远，微妙闻十方。	极乐国佛声、菩萨声、声闻声，乃至风声水声，一一皆如梵声清净，十方普闻。

序种	功德成就类	偈语	意义
12	主功德成就	正觉阿弥陀，法王善住持。	阿弥陀是乐国之主，如是法王，能善住持彼土，此是主功德成就。
13	眷属功德成就	如来净花众，正觉花化生。	极乐诸众，皆从净莲花化生，为佛眷属，故说为正觉花化生。
14	受用功德成就	爱乐法中味，禅三昧为食。	彼土众生，以佛法味，禅，及诸三昧为食，与此土众生不同。
15	无诸难功德成就	永离身心恼，受乐常无间。	衣食自然，供具充足，远离身恼，无贪嗔痴忧愁等，远离心恼，故受乐常无间断。
16	大义门功德成就	大乘善根界，等无讥嫌名，女人及根缺，二乘种不生。	皆大乘善根境界，平等一相，无有二乘，女人，根缺人，离体讥嫌；无二乘名，女人名，根缺名，离名讥嫌。彼国虽有小乘，然乃大乘之梯阶，故非二乘种性可比。
17	一切所求功德成就	众生所愿乐，一切能满足。	由佛本愿力故，凡彼国众生所愿乐者，一切皆能满足，无所匮乏。

七、余义随谈

不生佛国，必堕恶道

十方世界，只有两个分野：一是佛国，一是三界，生佛国是已了分段生死，生三界是未了分段生死。世人若单修世间五戒十善而不念佛，则与佛无缘，因与佛无缘之故，八识田中的出世间无漏净种子，便无由引发，所以至多只能生于天道，绝不会生于佛国。但因天寿是有等差有限量的缘故，终有福尽报了之时，当福尽报了时，便是一度生死已毕，也就是赖以生天的善性种子，业经衰谢。尔后次一成熟种子，若仍属上品十善，则仍生天中，若属中品十善，则生人中，若属下品十善，则生修罗中，若属上品十恶，则生地狱中，若属中品十恶，则生饿鬼中，若属下品十恶，则生畜生中。因为这些六道种子，均具轮回性，互相成熟的缘故，所以六道必须遍历。但是为了一切众生的思想和行为，悉以身见我执为出发点起见，所以总是恶多善少，而生于三恶道的期间，也总比三善道为长久，佛说："众生以三恶道为故乡。"就是这个缘故。这样吾人便可以下断语说：一切有情若不生佛国，则必堕恶道，若欲稳生佛国，则必须念佛，这道理是颠扑不破的。

净土宗将独步末法

在昔如来虽灭，正法尚隆，众生障轻福重，故任修一法，皆得成就。降及像法时代，去圣渐遥，人心便渐渐不古，思虑也渐渐庞杂，十人修行，便罕有一人得道，再降及末法的今日，风俗愈薄，至于极点。能真正修道的人，已是罕见，更谈不上证果了。因为末法时代，人心愈坏，思虑愈杂的缘故，修繁难而专靠自力的其他法门，均不能成就，所以末法时代，赖以支撑法运的，就只有简单而兼具自他二力的念佛一门了。《大集经》说："末法亿亿人修行，罕一得道，唯依念佛，得度生死。"可知在各宗寥落之后，赖以绵延法运，救度众生的，就只有净土宗了，所有禅教律等各宗，均将降为助缘，不能单独生效。《无量寿经》中，释尊也说过："当来之世，经道灭尽，我以慈悲哀愍，特留此经，止住百岁，其有众生值斯经者，随意所愿，皆可得度。"可知末法已完，经道灭尽之后，如来以慈悲哀愍，特为净土一法，多延一百年，留度有缘。如来有甚深智慧，为什么不留其他法门，而单留净土，是具有深意的，是知道在末法时代的众生，唯修净土法，才能度脱生死，这样看起来，净土法确是今后最契机的佛法，而独步末法时代了。

不断惑业，便预圣流

一切众生的堕落生死，皆是无始惑业所致，根本和枝末两种无明，就会驱使三界有情，遍经六道，受种种苦，这便是流转门。若照普通修行途径，唯有断惑，才能证真，要破一分无明，才能证一分法身，这便是还灭门。行人自开始断惑，以至究竟证真的中间，即令所择路径，属绝对正确，并无偏差，亦须单凭自力，经历三大阿僧祇劫之久，然后乃得无上正觉，即使仅证阿罗汉果，也必须全凭自力，破尽三界一百一十二品见惑，和八十一品思惑，方乃成办，其艰难程度，可想而知。今若修净土法则不然，不问生前作何行业，但须能念，即得往生，但须能生，便登不退，这便是不断惑业便预圣流的大便宜处。并且往生之后，仗环境优良，自然而然，会障消慧朗，功满果圆，如飘木橛于大江之上，不需费力，自入大海，这便是假借他力的便宜处，也就是净土法门特优之点，且明眼行人，自能体认实行，无烦多予介绍也。

学佛念佛，不要怕人笑

世间有许多人，很想修学佛法，但又怕被人耻笑，怕人家说是消极腐败，说是效法斋公斋婆的迷信举动，因此不敢公然学佛，只把佛经在无人处，偷偷地看。若是念佛，唯恐被人听闻，只敢背着人偷念，把声音低到唯有自己才听得见的程度，这实在是大错误。佛学固是宗教，但也可以说是世界上最高深的哲学，这一门学问，既可研究，复可实践，实在是统摄理与事，而达到最高峰，任你当作理研也好，当作事行也好，当作理事齐资也好，都可以令人满意。简直是：由人生日用之肤浅，以至惑尽觉圆之奥邃，莫不包括无遗。像这样微妙的学问，若说它是迷信，是消极，是腐败，那就有如盲人评字画，闭着眼睛瞎说了。人家不懂佛法，不曾虚心去深入研究，只看见老太婆也会念佛，因此就批评念佛是肤浅，是迷信，他们是门外汉，却也难怪。我们既是佛徒，实不应跟他们一样见地。曾不思：老太婆固会念佛，但是大势至、文殊、普贤、马鸣、龙树、世亲等诸大菩萨，雷次宗、白居易、文彦博、王日休等诸大居士，何以也都会念佛？如此看来，念佛法门，实在是由凡愚以至贤圣，由目不识丁之俗子，以至学富五车之文人，都可以修行的普门大法。修这样下逮含灵，上达至圣，横罗八教，圆摄五宗的净土法，为什么不敢告人，怕被耻笑？耻笑者，固是不懂教义的瞎子，怕耻笑者，当然也是不懂教义的瞎子，他们哪里晓得：佛子事佛，不论烧香、跪拜、磕头、念经、诵忏，乃至宣扬佛号，一举一动，皆含有甚深微妙的作用在内。它是借净境，一心念，行在六根，功渗八识，所以能破无始惑业，能种出世种子，看来件件在外，实是件件都在内。所以我敢奉劝学者行佛事时，不但不必怕人耻笑，并且还要劝人修持，千万莫把美瑜看作顽石，以致失诸交臂，永作贫子。

散心念佛，亦有功效

口念佛，心亦思佛，此名定心念；口念佛，心不思佛，而思其他物事，此名散心念。散心念，其效力较定心差得多，并且也不足为法，所以历来大德，都是教人定心念佛，绝无人同情散心念法。其实外面的一举一动，都会牵涉到里面的第八识，若说散心念全没功效的话，那这口里的六个字，从何而来？既然会喊出这六个字：第一，来源系由内而外，第二，回熏力一样的再由外到内，所以不能说全没功效，不过其功效较定心低得多，因之古德便不予提倡，虽是不提倡，但其涵理，其功用，却不能否认，所以前人留有一偈云："弥陀一句法中王，杂念纷纷也不妨，万里浮云遮赤日，人间处处有余光。"这偈说得非常恰当，缘八识净种成熟，熏习六识，发生净念，再由六识导使前五识，生起现行；但净念于透过六识时，因为尘习甚深，心波炽盛的缘故，致为染念所剥夺，虽然突出重围，而所余有限，有如浮云翳日，人间处处，但有余晖，此际纵未能浮云散尽，阳光大来，然即此余晖，便见功效。所以我平常偶亦散心念佛，是时不管杂念如毛，只要佛声不绝，追顶得紧密，其余便随他去，念了一刻，自然会意马归槽，心猿入洞，再念一刻，则正念分明，佛心在抱，用不着取舍调摄，而自然纯熟，所以我近来二六时中，只贵能念，不大忌散心，就是这个缘故。古人于行住坐卧四威仪中皆念，彼若悉用定心的话，则行路时，即有撞跌之危，即如穿衣写字等，亦不成事，可知有时亦用散心念也。我这并不是提倡散心，不过是说明：能定心念佛，固是最好，并且照理也要定心念才对，但是散心也自有其功效；第一理由是：散心念也是由种子生现行，由现行再回熏八识，不过熏力比定心弱，所以比不念总好，第二理由是：散心紧念之后，自然会变为定心，不至自始至终，都是散心，根据这两种理由，所以不反对散心念佛。

阿字若在，余字俱在

学者念南无阿弥陀佛时，若恐心念驰散，则可用前文所述的记十念法，每念十声，拨一念珠，如此则一边既要念佛，一边还要记数，心力用尽，便无能再攀缘别的事物了。其次，若不记十，但须一句句把"阿"字牢牢擒住，不令忘记，则余字自亦俱在，若当念阿字时，心已不觉，则余字便也都跑了。假如行者心已得定，若再紧念下去，则唯觉心境俱化，成为浑然一片，量等虚空，此时无佛无我，连山河大地都不知抛向何处去，当然若句若字，一切都不复存在，到此际阿字便也消归乌有，无复存在。但先时的不在，是字跑心早跑，此时的不在，是字化心常定，是得念佛三昧、心境双亡的好现象，又不能与初念佛心着杂境而不在时相提并论了。

得念佛，且念佛，莫待衰老

世人对于念佛，应视为最紧要事，得行即行，佛说人命在呼吸间，可知吾人年年，月月，日日，时时，都有死的可能，任何人都不能保证他自己的寿命会延长多久。古人说："昨日街头犹走马，今朝棺内已眠尸。"确是实事，并非危言耸听。为了提防死的忽然降临，所以时时刻刻，都当念佛，如此则最后一刹那，方不至手忙脚乱。切莫以为：我今尚健，来日方长，且等到衰老时，再行念佛，尚未为晚，此种打算，往往误事。从前有人，到其友张祖留家，劝其念佛。张言：我今有三头大事未了，不暇修行，一者，父母未葬，二者，儿子尚未结婚，三者，女儿未出嫁，且待此三事了时，再行念佛未迟。其人遂告别而去，过了数月，再到张家，方知祖留已死，乃喟然长叹，赋诗云："吾友名为张祖留，劝伊念佛说三头，却恨阎公无分晓，三头未了便来勾。"其意为：你说俗事了时再念佛，但阎王偏不能待你。世上任何人，都不敢保证他自己不会做张祖留第二，所以有志修行者，是应当得念佛时且念佛，方不至重蹈前人之覆辙，而遗恨千秋。

兜率净土之我见

十方世界中，秽土无数，净土也无数，释尊说法时，每有介绍他方净土，普劝往生情事，其中介绍得特别详细的，就要算阿弥陀佛的极乐净土和兜率天内院的弥勒净土了。介绍兜率净土的意思，是要行者先跟弥勒菩萨学习，将来再跟他下生而得度，做了他龙华三会中的声闻弟子。因为释尊曾说过《弥勒上生经》《下生经》，所以兜率净土实为佛所劝赞，当然是对的，因此学佛人有的是修兜率净土。尤其弥勒是唯识导师，曾说过《瑜伽师地论》，故此土修学唯识者，多发往生兜率愿，俾近事弥勒，以求深造。我对于此事，只有赞叹释尊悲心无量，多开方便之门，赞叹愿生者，好学不厌，和重来秽土之精诚。但是一者，鉴于狮子觉菩萨之沉迷五欲，流连忘返，自觉我并不比他高明，恐更危险。二者，最后归宿，不知极乐国之佳。三者，弥勒不曾发临终接引之愿，将来病危神昏时，全凭自力，恐无把握。有此三大原因，所以我是弃兜率而愿生极乐，假如有人问我：生极乐净土和生兜率净土，二者孰善？我也只能答以"生极乐可以万修万成，所以比较的有把握，生兜率则不敢断定"。我的意见，如是而已，未违经教，说此优彼劣，则决然不敢。

念佛的作用，包括禅、律、教、密

念佛未得定前，与禅迥异，因禅心非欣厌取舍，而念佛则欣取乐邦，厌舍秽土。禅心不能着境，一有所着，便失本来，而念佛则心境对待，能所宛然；禅心应远离法执，而念佛则要利用法执；禅心即是法性身，非生死义，而念佛则应作死此生彼想，凡此种种，悉是禅净互异处。但是若到已得定时，则不同了，念佛三昧的境界，是虚空粉碎，大地平沉，当前一念心性，与十方诸佛，法身融合，如百千灯，光照一室，其光遍满，无坏无杂，这时便离开六识分别，与禅门的真如三昧，无二无别，而变为禅净不分了，这样看起来，若说净即是禅，有何不可？现在再来说律，戒律的作用，能防范身口意三业，使之生善去恶，但是修净土法时，身礼佛，口念佛，意思佛，这样三业既已集中，六根自然都摄。若说生善，是极生善之致，若说去恶，试问三业既已集中在佛，此外还有什么闲家具，可以把来造恶？这样看起来，说净即是律，有何不可？至于教呢，一句南无阿弥陀佛，若论文字，只有六字，若论作用，可以说三藏十二分教理，都在里许；也可以说：释迦四十九年所说之法，也一字不遗的，都在里许，这样还有什么教义，能在这六字之外？并且研教之目的，在于生信解，启行证，而念佛的作用，之所以息妄心，得正念，实已超过信解，而直达行证的阶段。所以学者若能念佛，则无需研教，而一切教义，已是具足，这样看起来，若说净即是教，有何不可？至于密呢，注重三密加持，强调即身成佛，获得六种无畏，是密宗的特色。但净土法门的三业集中，实际上和身口意三密加持，无甚分别；而念佛的作用，能使我心佛心，融合为一，而当三昧现前时，但觉性光交错，凝成一片，实不能分别：何者为佛，何者为我？故当念阿弥陀佛时，念者自身，即是一尊阿弥陀佛，这样就说即身成佛，有何不可？即使未得三昧，而当念佛时，为了感应道交，佛光摄受故，行者当前，即为佛神通力用所加被，如是当何所畏？这样看起来，若说净即是密，有何不可？综观以上诸义，就可以恍然悟到：为什么古往今来许多名师大德、高人达士之修学佛法者，都提倡修净土？而范古农居士也说过："学在唯识，行在净土。"可知愈深入经藏，就愈赞叹净土，只有门外汉，这才鄙视净土，不知和氏璧，辄指为顽石，这也无怪其然。

净法涵义，唯佛遍知

净土三经，不大讲高深理论，所以就给人误会为：念佛是无学理，只是哄愚夫愚妇的勾当，不是高明之士所宜修的。还有人认为：我若念佛，就是愚夫愚妇，马上会给人瞧不起，或者讥笑，这都是绝大误会。净土经书，所以不说理论，而单劝实行者，并非无义理，而是义理太多，不能尽说，既然说了此，遗了彼，说了一，遗了万，倒不如索性不说，这便是不说理论，单劝修持之理由。若能修持，则一切理论，自都包含在内，譬如浴大海者，即是已用百川之水。若论起念佛法的涵义和境界，会高深广大到如此地步，唯有佛，才知之究竟，就连文殊、普贤、大势至之类的大菩萨，都不能十足地知道。试思持名念佛法，若不是实有不可思议功德，为什么《阿弥陀经》里，释尊会说此经为六方诸佛，所称赞护念呢？今释迦、弥陀，既立此法门，六方诸佛，既称赞护念此法门，则此法门的独特微妙，功效宏大，也就可想而知。并且经中既说：不可以少善根福德因缘，得生彼国，接着便说：七日执持名号，即得往生，可知执持名号的善根福德因缘，确是非少了。

勿误解自性弥陀唯心净土的理论

重理轻事之行人，往往泥于自性弥陀，和唯心净土之理论，由是便说：净土即在心中，何处更有西方净土？把弥陀的四十八愿和整个极乐世界，都加以否认。这种错误，是直将真谛的现象和俗谛的现象，混在一起，是将全部说体的见解，套在说用上，所以才生出这真俗悉寂、体用俱空的怪调。学佛人皆读过《般若心经》，经中明明说"无智亦无得，以无所得故……"等字句，但是接着便说"得阿耨多罗三藐三菩提"，这便是依真谛说无得，依俗谛说得，若混为一谈，便成矛盾。他经中，亦常有此类文字，这悉是就真俗二谛，不同的说法，学者幸勿疑误，致失经意。六祖之否定西方，亦是依常住真心立说，后人万勿执着祖语，抹杀极乐，则可谓善读古人书矣！于此可知：若就真谛说，则一法不立，佛尚无着落处，又哪有极乐国，和念佛往生这一回事？所以才说自性弥陀，性外无弥陀，唯心净土，心外无净土，这是第一义空的究竟境界，所以敛用归体，无一法可得。但若内证工夫，尚未至这样程度的行人，就不能心境皆空，享受俱寂，如是则能所宛然，依正并在，此时整个极乐的一色一香，一花一叶，便都是追求的对象，推拨不去，像这样怎好不度德量力，妄跟人家唱自性弥陀，唯心净土的高调，变为尚未渡河，先行弃筏呢？试看净土三经中，说佛身的相好处，毫发光色，无不入微，说世界庄严处，花果池网，无不入妙，便可知一人一物，都是实有，并非凭空虚构，何得一味拨无，堕入空见？

理事必须并重，否则宁可重事

在修行途中，理与事是相表里的，相配合的，相资相成的。有了理，做事才有根据，才有纲领，才有目标，才会起作用。有了事，才会实现理论，才会证实理解的正确性，才会见效果。有理有事，如既知路线，而又会行，有理无事，如既知路线而不肯行，有事无理，如会行而不知路线；照理只有既知路线，而又会行之有理有事人，才会成功，其余二类，皆无成功之望，但是会行之人，虽自身智虑浅薄，不能找出路线，倘若肯照前贤已找出而垂示后人之指路碑而走，亦能抵达目的地。经论和古德的著述或事迹，便是指路碑，只要后人会遵照实行，绝会成功，与彼古人，原无别异。所以有事无理，不足为患，所患的，就是坐谈而不肯举步之有理无事人，就让他谈了一生，也不会前进半寸。并且严格说起来，无事之人，亦必无理，如既知墙屋将倒，必会走避，坐而不动，则是未知。以故佛法能度一字不识之愚夫愚妇，而无法度世智辩聪，或不肯修行之人。此中理由很简单：

就是肯行和不肯行的判别。昔周利槃陀伽极钝，佛只得教之念扫帚二字，尚且记了扫，忘了帚，记了帚，忘了扫，但他始终坚持这两字，不稍放松，卒至情息惑尽，证阿罗汉果。而提婆达多聪明慧黠，曾学各种神通，能诵六万法藏，不免生堕地狱。观此可知纵具满肚皮理解，若不实地修行，则无始惑业，仍是原封不动，并不曾减却丝毫，这样还有什么用处。倒不如灶下老妪，满脸烟灰，一字不识，但能时时想念彼佛，反而高坐莲台，不惊不乱。行者若终身只知在名相理论堆中求知解，想做佛学博士，而不肯下手修行，在昔佛门曾呵之为说食不饱，数他人宝不富，终无济于饥贫。归纳说起来：若人既能明理，而复能行佛事，此种人福慧俱足，解行相应，因熟果圆，定可克日成办。倘若理事不能兼有，则宁可有事无理，绝不宜有理无事，有志学佛者，不可不了解注意及之。

净土法，是在家人的唯一法门

出家人无妻儿之累，衣食酬应之烦，嚣尘闹市之扰，故修法最易，只要肯下苦功，必定得有成就。在家人则不然，为了谋生这一事，已是累得终身为牛为马，透不过气来，何况住的是狭小肮脏的房屋，有时连一张佛桌都没处安排。做生意的，要买货卖货，照顾店面，招待顾客，清理账目，已够整天忙。而当公务员的，每日八小时的板凳生涯，案牍劳形，到了晚上归来，已被累得筋疲脑涨，尚要处理私事，安有闲工夫可以息心修道？做工的人，也差不多。要想坐禅、做课、持律、学密、研经，皆有所不能。这样看起来，在家的善男信女，欲在火宅中，修出世法，真比登天还难。所幸如来有无边智慧，早为在家人拈出这不费时间，不碍俗务，既极简便，而效力又最大，可保有修必成的净土法门，俾修习者，不论出家在家，一齐出离三界，绝不遗漏一个。倘在家人不修此法，要想学禅、学律、学教、学密，则不特希望甚微，甚至还无办法修习。可知在家人，舍念佛外，若想出世，几乎是无路可行，所以若说净土法是在家善信之唯一恩物，未尝不可，幸勿弃之不修，自陷于绝境。

极乐二字之意义

或问：《曲礼》说："志不可满，乐不可极。"而俗语亦说："乐极生悲。"然则阿弥陀佛国之名为极乐世界，岂非与此相违？答曰：所谓乐不可极，和乐极生悲者，乃指世间之不究竟乐而言，因其不究竟故，所以乐中皆含有苦的因素在内，若穷极之，则生悲矣！如以狎妓为乐，乐之极，则耗财、戕身、得恶疾、促寿命，是生悲矣！如以赌博为乐，乐之极，则损神、破家、失感情、犯刑法，是生悲矣！如以饮酒为乐，乐之极，则误公、废事、生疾病、长过恶，是生悲矣！世间万事，大都类似，所以圣人才有乐不可极之训。至于极乐国呢？所受的只是出世间的无漏法乐，全不是欲界的五欲乐，所以虽极而无悲可生，用不着限制和儆惕。释尊说《弥陀经》时，告舍利弗言："其国众生，无有众苦，但受诸乐，故名极乐。"说明极乐二字之命意，是由但乐无苦而来，如此则悲又何从生呢？若能生悲，则不得称为无有众苦了。

行人何以必须往生极乐国

行者生到极乐国，不过是换了一个永远安全的修道场所，并不是立即成佛之谓，杨仁山先生说："西方净土，是极大学堂，弥陀接引十方众生，往彼就学，供给饮食衣服，不需学费，不定人数，不限年时，其地界廓彻无边，其建立长远无极。入其校者，无论何等根器，至证入无生忍时，为初次毕业，或在彼土进修，或往他方教化，均随其愿。自此以后，历十住、十行、十回向，三贤位满，将入初地时，为二次毕业。再从初地以去，至等觉后心，证入妙觉果海，为第三次毕业。此论次第门，若论圆顿门，一修一切修，一证一切证，圆顿次第，互摄互融。极而言之，十方三世，种种教法，无一不备，是故一切诸佛，莫不赞叹，奈何世人，流浪生死，头出头没，不求出离耶？"可知行者生彼国后，还是要修道，才会成佛。不过那里环境优越，所有阻碍，悉已排除，故修道极易。如无轮回恶道怖；如寿命无量；如以弥陀、观音、势至为师；如水声风声鸟声，皆说妙法；如无须谋生，衣食住行，一切自足；如人皆上善等。所有修道必需的良好条件，无不具备，所以有志行人，必须往生彼国也。

净土是自度人的大乘法

有人说："我不愿往生极乐，只愿永在此土，救度众生。"这确是菩萨的大愿，但是就菩萨所修的十波罗蜜来说，愿波罗蜜，要配之以方便波罗蜜、智波罗蜜等，才会圆满执行愿的任务。如人意欲拯溺，但若自身未学会游泳本领，亦终将与落水人同归于尽，此名有仁心，无仁术，所以终不免演出人我俱溺的惨剧。请问发上述大愿人，是否已断惑业，具诸神通智慧？若是不曾的话，则如自身尚不会游泳，何能入水救人，还是从速求生极乐，俟破尽惑业，学会了菩萨的神通智慧后，再回来度生，尚未为晚。亦有人说："净土是小乘法，我不愿学。"我今胪陈七种理由于下，证明净土是大乘法，这七种理由，都有经书可考，若是不蒙察核，但一味毁谤大法，就有如闭着眼睛，硬说孔夫子不识字，便成为不值一驳的谰言了。1. 佛教到中国后，演成十宗，其中唯俱舍成实二宗，判属小乘，而律、三论、法相、华严、天台、真言、禅、净土，则皆属大乘宗，千百年来，为学者所公认。2. 佛灭度后，印度所盛行之佛法，偏于小乘，直至六百年顷，马鸣菩萨，宗百部大乘经典，造了一部《大乘起信论》，发挥大乘奥义，以为提倡，其中所言，皆是大乘法，且特于篇末郑重介绍念佛法门，劝生西方极乐世界。马鸣既造论弘扬大乘，则其中所介绍的，不应是小乘法。3. 从来对于极乐净土，曾发愿愿生其国者，多属大心深智之大乘行人，其见于经传中者，有大势至、普贤、龙树、世亲等诸菩萨。昙鸾、慧远、智颛、道绰、善导、清凉、永明、莲池、藕益、截流、省庵等诸师，无一不是净土宗匠，也无一不是大乘行者。4.《无量寿经》首，特别强调佛与不可称计诸大菩萨俱，其中关于叙述菩萨功行之文字，竟达一千余字，为诸经中所罕见。经末佛且亲嘱一生补处之弥勒菩萨，教其专心信受，持诵说行；这些举动，都有深意存乎其间，为的唯有极大乘行人，才能了达、负荷、弘扬此极大乘之净土法也。5. 小乘行者，分为两类：一是愚法小乘，此类人以小乘解脱为满足，不了解大乘，亦不思进取大乘。二是不愚法小乘，此类人是以小乘为大乘之过程，并非永远安于小乘。如今日之小学生，即将来之大学生，其读小学者，是以小学为阶梯，并非一辈子读小学，所以这一类并不是真正小乘。《弥陀经》说："极乐国土，众生生者，皆是阿鞞跋致，其中多有一生补处，其数甚多，非是算数所能知之，但可以无量无边阿僧祇说。"阿鞞跋致，译义为不退转，其国众生，工夫既不退，不断向前进展，其中进至将补佛位之大菩萨，竟有上述无量无边之多，这样看来，极乐国除菩萨外，虽有小乘，也绝不是愚法一类，而是大乘的前奏。6. 小乘和大乘，是心的差别，与法无关，行者修法时，若心存自利，则不论修学何法，皆为小乘；反之，若心兼利他，则不论修学何法，皆为大乘。此土修净学人，多发大乘心，所以净土是大乘法，例如回向偈中云："愿以此功德，庄严佛净土，上报四重恩，下济三涂苦，若有见闻者，悉发菩提心，尽此一报身，同生极乐国。"明明愿生极乐，也必说：上报四恩，下济三涂，说见闻者，发成佛心，说愿与大众，同生乐国，请问这些哪一句是小乘？又前人愿文中云："闻已即悟无生忍，不违安养入娑婆，善知方便度众生，巧把尘劳为佛事。"说重入此土，方便度生，这愿又岂是小乘人所能发？又大慈菩萨发愿偈中云："见闻皆精进，同生极乐国，见佛了生死，如佛度一切，无边烦恼断，无量法门修，誓愿度众生，总愿成佛道。"因求生极乐，而发菩萨之四弘誓愿，这岂是小乘法？又遵式法师发愿偈末段云："于一念顷，生极乐国，花开见佛，即闻佛乘，顿开佛慧，广度众生，满菩提愿。"说广度众生，满菩提愿，这岂是小乘人所发的愿？又莲池发愿文说："一切功德，悉皆成就，然后不违安养，回入娑婆，分身无数，遍十方刹，以不可思议自在神力，种种方便，度脱众生，咸令离染，还得净心，同生西方，入不退地。"像这样重回秽土，分身十方，度脱众生，同生极乐，若再说是小乘，我真不解：大乘法是怎么样？7.《观经》中，佛告韦提希："上品上生人，欲生彼国者，当修三福。"其中第三福为：发菩提心，深信因果，读诵大乘，劝进行者。既是发成佛心，读大乘经典，劝进行者，则菩萨行具备，何能说是小乘？现在上品上生且不论，即其下各品，亦多读诵大乘经典，发无上道心者；乃至最低层的，下品中生、下品下生辈，皆生前广造众罪，应堕地狱之逆恶凡夫，但该经载：下品中生人，生彼国后，观音、势至，为说大乘甚深经典，闻已发无上道心。下品下生人，生彼国后，观音、势至，为说诸法实相，闻已发菩提心。以上所称的：大乘经典，无上道心，诸法实相，发菩提心，这都是大乘极则，绝非小乘根器所能办，九品中最末的，下中下下品，尚且如此，以上各品，更可知矣！由此看来：五逆十恶人，生其国后，都会变为极大乘行者，谁说净土是小乘法呢？

念佛法门，是易行法

净土法门，尤其持名念佛，是易行道，这是人皆尽知的；但是易行有种种义，则未必人人皆知。第一，修其他法门，若从教入，则经典浩繁，蕴理湛深，须从领略一义，乃至会合诸义，而融通之；然后撷其精英，辟修行途径，终身由之，这非数十年苦功不办。若从律入，则当出家，而戒相烦琐，须有耐苦毅力，坚忍精神，乃有成效。若从禅入，不论见性、止观，倘夙慧未修，根器不对，欲以劣机妄希胜法，终没有分灯之望。独此持名法，除平心念佛号外，一切无须，这是易行义。第二，他途全凭自力，念佛则兼具他力，而他力之大，超过具缚凡夫的自力无数倍。故念佛时，实际上只是印合佛愿，得以往生，恶人临终十念，便是好例子；前人把步行喻他途，把坐车喻念佛，实至确当，这是易行义。第三，生极乐后，在环境优越，佛愿支荫下，不论修何种法，证何种果，皆极易成就；有似弱羽缠枝，婴儿傍母，深资得力，所以在彼土历声乃至成佛，如转木石于千仞之山，势不可遏，这是易行义。综上三义来看，所谓易行者，第一是容易下手，谓之易行。第二是容易往生，谓之易行。第三是容易成佛，谓之易行。圆具此三义，所以念佛法门，称为易行道。职是之故，这易行二字，其历程实如金声玉振，是由头到底，由凡夫以至成佛的，这中间亦有阶段，亦无阶段，所以往生即是了生死，念佛即是成佛如蚕、蛹、蛾之不可分，吾人若说蚕即是蛾，实无不可。

八、前人往生事略

十方世界众生，因念阿弥陀佛名号，生极乐国宝池中者，随时皆如原上春草，其数难量。即吾人之娑婆世界，亦复不少，山间，林下，檐前，灶角，姓字无闻者，不可胜数，其中有记录可考者，不过千万分之一，虽然只有少数，但吾人观其事迹，亦足鼓舞。兹为略集典型，用资矜式起见，特选录前人往生事略若干刊于后，读者应当作为借镜，起当仁不让之心，绝不许古人专美于前，则可算是读书有得了。若欲知其详，可看《往生集》。

慧远三见圣相

晋慧远大师，雁门楼烦人，博通经典，在庐山东林寺，建念佛社，三十年不入市，专志西方，制六时莲漏，念佛不息。僧俗社友一百二十三人，皆志同道合，誓愿同生极乐国。后十九年，师于般若台，方从定起，见阿弥陀佛，现虚空中，无量化佛围绕，观音、势至，左右侍立。又见水流光明，分十四支，洞注上下，演说妙法。佛言："吾以本愿力，来安慰汝，汝七日后，当生我国。"又见佛陀耶舍、慧持、慧永、刘遗民等诸社友，已往生者，皆在佛侧。师谓门人曰："吾居此已三见圣相，今复再见，必生净土矣！"至期端坐而逝。

昙鸾焚仙经修净业

后魏昙鸾，虽出家而嗜慕长生，得仙经十卷，依之而修。后问菩提流支曰：佛门有长生不死术否？支笑曰：长生不死，吾佛道也。乃授以《观无量寿经》。并告诉他说：学此则出三界六道，断分段生死，寿命不可计劫。鸾遂焚仙经，专修净业，魏主号之为神鸾。临终时，自知时至，集众人诫之曰："地狱诸苦，不可不惧，九品净业，不可不修。令弟子高声念佛，向西稽首而终，众闻天乐自西而来，良久乃寂。"

善导每念佛非力竭不休

唐善导大师，每念佛，非力竭不休，虽隆冬，或念至流汗。三十余年不睡眠，把所得衬钱，雇人写《弥陀经》十万卷，净土变相三百壁，从其化者甚众。作劝世偈曰：渐渐鸡皮鹤发，看看行步龙钟，假饶金玉满堂，难免衰残病苦，任汝千般快乐，无常终是到来，唯有径路修行，但念阿弥陀佛。一日忽谓人曰：此身可厌，吾其西归，乃登柳树而化。

怀玉誓取金台

唐释怀玉，台州人，每日唯中午一食，常坐不卧，诵《弥陀经》达三十万遍，日课佛号五万声。天宝元年，见佛像满虚空中，一人持银台至，玉曰：吾一生精进，誓取金台，如何把银台来接我？言毕，银台遂不见。三七日后，复见擎台人对他说："师以精进，得升上品。"过三日异香满室，含笑而逝。郡守段公作偈赞曰：吾师一念登初地，乐国笙歌两度来，唯有门前古槐树，枝底只为挂金台。

宗本禅净兼修

宋宗本禅师，江苏无锡人，以禅宗兼修净土。同时有雷峰法师者，神游净土，见一莲花极艳，问极乐国人："此是何人之花？"答曰："是待净慈宗本禅师的。"又资福曦公，亦来礼足施金，问其故，答曰："定中见金莲花，是待本公往生的，所以前来致敬。"并云："见莲花无数，中有枯萎者，据云：是念佛而中途懈退人之花。"因问："公留心禅学，何以极乐国莲花，会标出姓名？"宗本答曰："虽在禅门，亦兼修净土，所以如此。"后临终时，安坐而逝，谥圆照禅师。

可久见莲花标名

宋可久和尚，居明州，诵《法华经》，愿生净土，人皆号之为"久法华"。元祐八年，年八十一坐化，三日后复苏，谓人曰："吾见净土境，与经所言悉合，莲花台上，皆标念佛人姓名，待其往生，其中一银台，标明州徐道姑，一金台，标明州孙十二郎，一标可久。"言毕复化，后五年，徐道姑亡时，异香满室，十二年，孙十二郎亡时，天乐鸣空，因知其所言皆不虚。

莹珂改过得生

宋莹珂和尚，虽经出家，不忌酒肉，自思我为僧人，如此作事，将来若堕落恶道，如何办法？遂取《往生传》读之，每读一传，即点首称许。由是乃向西而坐，绝食念佛者三日，梦佛告曰："汝寿尚有十年，当自勉力。"珂答曰："此土浊恶，易失正念，愿早生安养，奉事诸圣。"佛言："既如此，后三日我当来迎你。"至期请众诵

《弥陀经》，忽言："佛及大众俱至。"寂然而化。

悟性得生中品

唐比丘尼悟性，居庐山念佛，虔愿往生，忽闻空中乐音，乃对左右说："吾已得中品生，同志念佛精进者，皆有莲花待之，你等各自努力。"言毕而逝。

刘遗民先供释迦

晋刘遗民，彭城人，少而无父，事母至孝，加入远公莲社，专志念佛。居十五年，见阿弥陀佛放玉毫光，垂手慰接，刘拜恳曰："但愿如来手摩我头，衣覆我体。"祝毕，果然佛手摩其头，衣覆其体。一夜又梦佛指池中八功德水，令彼饮之，刘饮而甘美，醒来异香发于毛孔，乃告众曰："净土缘至矣，我因释迦如来遗教，知有阿弥陀佛，今为报恩故，当以香先供释尊，次供阿弥陀佛及《法华经》，愿一切有情，俱生净土。"言毕，合掌面西而逝。

王日休弃经史业专精净土

宋王日休，龙舒人，博通经史，一日忽悟曰："是皆业习，非究竟法，不能度生死，吾当念佛，求生西方。"

由是遂弃经史业，专精净土。年六十，布衣蔬食，日课一千拜，夜深方睡，作《净土文》劝世，死前三日，遍别诸知识，至期如常拜念，忽唱曰："佛来迎吾。"屹立而化。

文彦博结社念佛

宋文彦博，出入将相五十余年，官至太师，封潞国公，崇信三宝，专修净业，居京师时，与净严法师，结社念佛，意欲劝十万人同生西方。当时士大夫，曾有诗赠之曰："和公胆气大如天，愿结西方十万缘，不为一身求活计，大家齐上渡头船。"临终无病，安然念佛而化，寿九十二。

王古戒杀习禅念佛作观

宋王古，字敏仲，官礼部侍郎，慈仁爱物，七世不杀，既深于禅，又习净土，著《直指净土决疑集》三卷，普劝念佛。行住坐卧，唯以念佛作观为事，数珠从不去手，后沐浴更衣，安坐念佛而脱。

元子才闻粗乐细乐

唐元子才，居润州观音寺，念《弥陀经》及佛号，忽有小疾，闻空中香气乐音，自言："粗乐已过，细乐续来，我当行矣。"遂念佛而寂，异香数日不散。

孙良日诵万声二十年不辍

宋孙良，钱塘人，隐居阅藏经，于《华严经》，尤有契悟，依大智律师，受菩萨戒，日诵佛万声，二十年不间断。一日忽命家人请僧念佛，以助往生。僧集，念佛方半晌，望空中合掌云："佛及菩萨已到。"遂坐亡。

苏岐山四威仪中念佛不断

昆山苏岐山，壮年时，留心禅学，遍参善知识，有所悟入。一生戒杀，虫蚁不伤，晚年笃修净土，行住坐卧皆念佛，从不间断。康熙己卯岁，年已八十，时值严冬，拥被而坐，十一月二十六日午时，告其孙甸方说："三日之前，即见佛来，净土缘熟了，今夜子时，我当往生。"至夜，焚香点烛，端坐向西，命家中人各念佛助之，将及三更，岐山念佛声，由低微而沉寂，大众视之，已谢世矣！

田婆说偈坐逝

田婆，泰州人，夫妇俱信三宝，婆勤于念佛，经二十年，忽一日，谓家人曰："我今日西方去矣！"随说偈曰："五十六年大事毕，丈夫儿子休啼泣，我今撒手往西方，摩诃般若波罗蜜。"端坐而逝。

黄打铁以极乐国为家

宋时黄打铁，湖南潭州人，业打铁，自怨前世不修，今生贫苦，欲修行，又苦不知门径，且无时间可修。某日，见一僧从店前过，乃请入店奉茶，请教既不废业，又可修行之法，僧遂教之一面打铁，一面念佛。譬如手持风箱，推进时，念一句佛号，拉出时，念一句佛号；打铁时，每打一下，即念一句，不打铁时，行也念，睡也念，黄打铁从其教，因专心佛号之故，既不觉炉火之热，也不觉用力之累。历时三年，一日自知时至，遂即理发，沐浴，更衣，告其妻说："我今日回家去了。"妻言："你何处还有家"？答曰："西方极乐国是我家。"于是再到铁炉边，取出红铁，说偈曰："钉钉铛铛，久炼成钢，太平将近，我往西方。"念一声南无阿弥陀佛，举锤打铁一下，实时立化。

张善和十声见佛

唐张善和，杀牛为业，临终见群牛作人语索命，以角触之，后又有大火烧至，无路可退，生大恐怖，唤其妻云："速请僧为我忏悔"。僧至谕之曰："《观经》中说：临终恶相现者，至心念佛，即得往生。"和即以右手擎火，左手拈香，面西专切念佛，仅满十声，自言："佛来迎我。"立即命终。

鹦鹉焚得舍利

唐贞元中，河东裴氏，畜一鹦鹉，常念佛，过午不食。一日有病，念佛号十余声气绝，火化后，得舍利十余粒，炯然耀目，慧观比丘，为之建塔，成都尹韦皋作记。

鸲鹆舌出莲花

潭州有人，养一鸲鹆，教之念佛，遂成习惯，既毙葬之，地面出莲花一朵，掘土视验，花根生其口中。

2 易行门中的易行法

一、易行与难行二门

释尊开一代时教，应种种机，说种种法，门路至多，譬如应病予药，病既分歧，药亦错杂。例如《解深密经》的三时说法，《智度论》的十二部经，天台的五时八教，贤首的五教十宗，三论的二藏及三法轮等皆是。有似江淮河汉，有种种名、种种相及至汇到大海，皆成一味，这一味就是如来藏妙真如性。到此境地，名言路绝，无可分别，但觉十界皆如，众生即佛。虽然如此，有情若不修行，虽本体与佛同俦，若就六即义言之，只不过具有"理即佛"的资格，就因为动静理虽是，行藏事尽非的缘故，所以瞻望"究竟即佛"的妙觉果，终是遥遥无期。行者在修行的过程中，尤其是像我们这一班，落在三界之内，想出离三界的初学者，若不选择一法，切实的苦干一番，则一切目标，乃至最后的菩提涅槃，只不过是一种好听的名词，实际上，皆如画饼，无益饥肠。

龙树菩萨，在《十住毗婆沙论》中，将一切法门，分为易行道与难行道二种。凡依经教，在此土积累功勋，断惑证真，修因得果者，皆属难行道摄。凡依念佛法门，往生净土，于彼国中，仗佛威神，终成正觉者，则属于易行道摄。这样看起来，在各种宗门中，除净土宗门外，其他各宗，皆是难行门了。

吾人若将难易法门，研究了一下，则知所谓难者，是指他宗全凭自力，所以比较困难，所谓易者，是指净土宗兼具自他二力，在二力中，他力远较自力为大，所以比较容易，此其一。况且他宗教义如海，头绪纷繁，在下手及中间阶段，都不容易着力，若有差谬，不特前功尽弃，且将招致恶果，所以比较困难。而净土宗则门路简单，目标明显，在下手及中间阶段，都容易着力，而且前途平坦，差谬的机会较小，所以比较容易，此其二。修他宗需要崇高的师资、明利的根器、充分的时间、良好的缘法，倘若条件不具备，就没有成功之望，所以比较困难。而净宗则不赖师承，不论根器，事闲事忙，不成问题，出家在家，一切无碍，所以比较容易，此其三。末法时代，众生业重福薄，修他法皆不能成功，不能成功，就是不契末法机，所以属难行道。而净宗虽在末法时代，依旧得度生死，万修万成，经有明训，所以属易行道，此其四。这四种理由，虽是举其大者，然而难易的差别，已可概见。

二、难行之所以难

虽然每一种法门，都能渡过痛苦的此岸，到达安乐的彼岸，就法门的本质来说，是无可非议的，然若就法门的方便来说，繁和简，显和晦，实在是相差太厉害了。比方依华严宗而修，该经有上中下三本，上本具十大千微尘数偈，一四天下微尘数品。这且不说，只就晋唐两译的略本而言，已有三四万偈，应依何偈下手？如何修？如何出离三界？如何成佛？如何趣入事事无碍法界？如何证得毗卢舍那佛，出缠果相？行布和圆融，要怎样才能含摄互通？这一切若不能由理论移作实践，则亦不过如街头巷尾好看的标语而已，又有什么用处？

再说法相宗罢，现时学人，多欢喜研究唯识，研究固是很好，就是我，有时也在钻研它。但是我是把它作为助修，想靠它明白些识的行相，以解释世出世间的许多事理，并不依它作为主修。若以它为主修的话，当然除却对于六经十一论，要缜密地研究、深切地了解之外，还要对于五重唯识观的最后一着，"遣相证性"，做得圆满无余，才算成功。究竟这遣依他，证圆成，是如何下手呢？又转识成智，也是相宗要着，不转就不能成佛；但是，五八识是果上圆，这是等觉位满，出金刚定时的事，现在暂且不提，即就六七因中转来说，若要转第六识成妙观察智，第七识成平等性智，应如何下手呢？在今生有没有把握转得成功呢？即使未能百分之百的成功，起码要做到什么程度，才能出轮回，了生死呢？我们纵使暂时不希望成佛，然而这了生死的最低限度的要求，就不能不予以贯彻，否则来生还是拖泥带水，就不是个办法。

上面不过举两个例，尚有其他各宗，也跟这类似。如律宗特重持戒，在三学之中，戒是启发定慧的，所以此宗的宗旨，是先以戒制止三业之邪非，然后再以定慧伏断见思烦恼，而出三界。可是就现时的根器而论，倘不兼修其他法门，光是出家受具足戒，或在家受五戒，若护持严净，是不是就能破尽三界见思，出尘网呢？这仍然有很大的问题。

又如三论宗，须作八不正观，悟入不生不灭、不去不来、不一不异、不断不常之佛性。然修此观者，究竟要做到什么程度，或什么阶段才能出三界呢？在宗义上，就没有明白地指出。

再说天台宗罢，依此宗教义，最切实的行径，是修三观以破三惑。无疑的，此宗是以最初一着，修空观，破见思惑，成一切智，为出世的标准。然依因缘所生法，把根身器界，宇宙万物，都看作空，利根人，或有可能，钝根人，恐怕没有这种本领。观而不空，当然于十八界未能出离，即使观而竟空，是否会落恶取空，并自性都陷于断灭，仍然是大堪疑虑的问题。

密宗最明显的修为在于三密加持，当加持时，是即所谓三种成佛中的加持成佛，但修此种加持之结果，是否即能破尽住地无明，成福慧完满，十号具足之佛？若果如此，则历代修密者多，成佛者当亦不少，然何以继释迦之后，仍只是弥勒一人？且吾人之初步目标，在出离三界，而不在成佛，究竟修密要修至如何程度，才能脱却轮回？亦无明白的界限。

禅宗呢？照定力说，要到功夫纯熟，能破末后牢关，才于生死有把握，否则阴境现前，还是随他而去。香林经四十年，才打成一片，无怪像圆泽之流，尚有三生石上的后有了。

以上各宗，所以都列入难行门者，其理由略如上述。四大脆弱，无常迅速，若修的偏是难行法，此即无异于急惊风遇着慢郎中，未有不偾事者。这样看来，若欲即生便了生死，就不得不改变方针，掉转头来，向易行门下工夫了。

　　既然如来应病予药，说种种法，则此种种法门，皆是妙药，能愈沉疴，绝不应说此种种药，悉不能治病，若说是言，即是毁谤大法。夫不能度生之法，如来又何必说今既说之，则众生根器，必有适宜于此法者，也就是说：必有依此法而得度者，然则今何以悉把它列入难行之门，而不予以提倡呢？此种理由，也非常明显，《大集经》说过："末法亿亿人修行，罕一得道，唯依念佛，得度生死。"所谓亿亿人修行者，当然必有其所修之法，经中既言：除念佛外，所修罕一得道，这无异说除依念佛一法外，其他各种法门，皆不适于末法众生的根器，若依之而修，皆不能得道了。也就是说：到了末法之时，所有天台、华严、三论、法相、禅、密等宗的单独有效时间，已成过去，此时独契末法之机，独当度生之任的，就只有念佛一法了。于此可知，说难行各宗，不适于今时者，并非说此法不能度生，而是说此法虽妙，但单独把来度今时心杂障重的末法众生，就难于奏效。法本平等，无有高下，其不同处，只是契机与不契机分别罢了。契机的，虽难亦易，不契机的，虽易亦难，难易的关键，全在于众生，不在法也。

　　六祖闻《金刚经》，便得悟道，今人亦读《金刚经》，何以却不悟？观世音菩萨，初闻《大悲咒》，便从初地超第八地，今人日诵《大悲咒》，何以并无此效？释尊说《无量寿经》毕，听众有的得清净法眼，有的得阿那含果，有的漏尽意解，有的得不退转，吾人今日亦读是经，何以却不能得果？庞蕴居士闻马祖说："待汝一口吸尽西江水，却对汝说。"遂豁然大悟，吾人今日亦闻此语，何以却不悟？可知法无高下，所不同者，是在能否对根；亦如药无高下，所不同者，是在能否对症也。

三、易行门中再校量难易

龙树菩萨，将净土法门，列为易行道。今人往往认为：净土法门，即是念佛法门，其实净土法门中，不只持名念佛一法，持名念佛，不过是净土法门中的一部分。例如：修诸功德，回向求生极乐国，即可往生；发往生极乐国愿，亦可往生；又修般舟三昧成功者，亦得往生诸佛国土；这都属于净土法门所摄。又念佛法门中，亦不止持名一法，例如实相念佛和观想念佛，就和持名有所不同，兹将净土法门中，各种修为方法，列表说明。（参看下页图表）吾人就表以观，就可知此六种方便，都包括在净土法门内，修这六种方便中，任何一种而成功者，都可以生于诸佛净土。然若就广义言之，凡进取佛果的行人，若自性功德，开显未备，便未能自现净土，在此过渡期间，不得不修寄于诸佛净土之中，以酝酿其功果者，皆属净土法门所摄，如是则大小乘各种修持法门，皆不离净土范围矣。

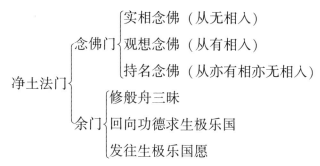

世人只知其他各宗，皆属难行门，唯净土宗则属易行门。殊不知净土宗门中，亦有难行法，其难行程度，并不亚于各宗，今当一一论之于下：

（一）实相念佛，属于难行法

所谓实相者，即指如来法身，众生佛性，这与万法虚假的幻相不同，故称实相。虽名实相，即是无相，因不可见、不可念、不可说，故不属生灭门收。念实相佛，即是念十方诸佛法身，亦即念我心中，本源自性天真佛，若光影都尽，即生常寂光土，否则仍生其余三土中。此种念法，是无念之念，亦非念非不念，这非透过禅宗，破本参者，就不懂得如何下手？更何论修证。因寂光真净，自性无染，所以其所显的境界，即是净土，究其本质，实在是禅。古今来，多少坐破蒲团，踏破芒鞋的禅客，及依文解义，博闻强记的教家，于实相一着，尚未领悟者，大有人在，何况今时一知半解的学人，所以这一法，是属于易行门中的难行门。

（二）观想念佛，属于难行法

在净土法门中，最具体的观想法，即是《观经》中的十六种观法。凡是净业行人，大概都读过《观无量寿经》，可是，读者虽多，我想依之而行的，一定是寥寥可数，或竟绝无其人。像这种读者甚多，行者奇少的现象，其原因就是碍于境界，不曾目睹，并且又广阔细微到难于想象，非是心粗虑杂的末法众生，所能忆持。例如经中树想第四观说："一一树叶，纵广正等，二十五由旬，（一由旬，小者四十里，中者六十里，大者八十里）其叶千色，有百种画，如天璎珞，有众妙花，作阎浮檀金色，如旋火轮，宛转叶间，涌生诸果，如帝释瓶，有大光明，化成幢幡，无量宝盖。"吾人若照这一段短短的经文作观，就已经没有什么办法了。请问：一个树叶，大到一千数百里，这还是像我们这一班钝根的众生，所能想象吗？纵使观得来，还要了解如何生果？如何化幡化盖？经中像这样广大细微的境界，还多着呢。观其一叶，已无办法，何况局部，又何况整个世界，所以这一法，也是属于易行门中的难行门。

（三）持名念佛，亦易亦难

持名就是念佛名号，这确比上两种容易得多。不论男女老幼，识字不识字，出家在家，贤愚闲忙，对于"南无阿弥陀佛"这六个字，却没有不会念的，所以比较容易。论时间，《观经》下品下生，临终十念，即得往生；《无量寿经》中，弥陀第十八愿：十方众生，十念称名，即得往生；《阿弥陀经》中，执持名号，七日亦得往生；这都并不算难，但若严格说起来，这三种法，却也有它的难处：第一，《观经》十念，是在临终，照经文所说情形，这类往生，要具备四种条件，即（1）身在病榻上，并非横死；（2）临终神志清明，能听、能思，又能念；（3）有善知识，在旁加持；（4）信愿具足，毫不生疑。这四种因缘，若缺其一，即不得往生，所以难易皆难说，照事实看，难的成分，实多于易。第二，弥陀第十八愿，确极宏慈，但也使人生出两点疑虑：即（1）念时要怎么样才算是至心信乐？很难断定，万一十念中，有若干不至心，是否要打折扣，要补念？（2）所说十念，是平时呢？或是临终？若是平时，是否任何世人，只要在他的一生数十年中，有一个短时，念了十念，除此之外的时间，都充满着尘劳烦恼，最后也得往生？若是临终，则与上述《观经》下品下生的临终情形相同，须四种条件俱全，方有希望。所以所谓十念者，不论指平时，抑或临终，皆有讨论或困难之处。第三，七日持名，这也容易，凡是曾参加打佛七的行人，当然都符合七日持名的条件，也都具有这种资格，照理每人皆可往生了。但是经中还指出"一心不乱"四字，作为七日持名的标准，这无异说能一心不乱者，当然临终会感到佛来迎接。倘若虽念七日，而未能一心不乱者，临终是否佛亦来迎呢？这就大有问题了。不但此也，即经中所指之一心不乱，其不乱的时间，是仅须几秒、几分，或几念，或半小时，就可算是一心不乱呢？抑或须七日都不乱呢？若几秒、分、念、时的短时间计算，当然都有人做得到，也都有人往生。但若必须在七日中，从开始到结束，都一心不乱的话，我敢断言：所有打过佛七的人，并没有一位有这种本领，若照这种标准来取士，当然也并没有一位榜上有名，能够往生了。这样看来，七日持名的为难为易，正自难言，所以我才说亦易亦难。

持名念佛，古德都说是万修万成，不论根据理论、事实、佛愿，哪一方面，都是可以信得过。但是古今净业行人，对于持名的修法，也千差万别；有的专念弥陀，有的则兼念其他佛菩萨名号；有的兼修禅律教密等法，有的则否。有的日持名三百、五百，乃至几千几万，并不一定，究竟要日持若干，才最合标准呢？抑或念佛如练兵，在精不在多，精的五百声，是否可等于不精的几万声？这中间加减综核，却又微乎其微了，这样看来，持名一法，其中尚大有文章呢！

（四）修般舟三昧，属于最难行法

般舟三昧，亦名佛立三昧，此法出《般舟三昧经》，以九十日为期。言九十日中，身常行无休息，口常持阿弥陀名无休息，心常念阿弥陀佛无休息。行此三昧而得成就者，能见十方诸佛，在其前立，故名佛立三昧。由于上述情形，可知修此定者，必须一、依《般舟三昧经》而修；二、有清净场所，断绝外缘；三、有三个月以上的空闲时间；四、精神体力都健旺，可以在极端的疲劳中，完满九十日的法事；五、具有善巧方便。因为修此三昧，须具上述五种条件故，所以古今以来，纵使有人修此法，即少有人得此定。只有大菩萨才能得此三昧，于三昧中，见佛问法，解决疑网，我辈凡夫，是不能得此三昧的。无怪鸠摩罗什慨然说出："般舟三昧，无始生死以来，二乘之人，尚不能得，况于凡夫！"（见远什《大乘要义问答》第十一）的断语了，所以这一法是属于最难行法。

（五）回向功德，求生极乐国，难易不易判别

这一法，是根据弥陀第二十愿："设我得佛，十方众生，闻我名号，系念我国，植众德本，至心回向，欲生我国，不果遂者，不取正觉。"之愿文，弥陀既有此愿，当然若有人，以其所作的任何功德，回向愿求生其国，命终必得往生，这自然并无疑议。不过愿文中，有"植众德本"四字，有了这个"众"字，其范围就难以划定了。这就绝不是买一两个虫鱼鸟兽，放生回向，就能算数；也并不是施与贫病一两元钱，回向求生就能算数，因为这些都未到"众"的程度。似乎要时时做各种功德，回向求生，才能符合植众德本之义；若果如此，则究竟要做多少，才可以往生呢？殊令人艰于判断。《观经》说过："欲生彼国者，当修三福：一者，孝养父母，奉事师长，慈心不杀，修十善业。二者，受持三归，具足众戒，不犯威仪。三者，发菩提心，深信因果，读诵大乘，劝进行者，如此三事，名为净业。"植众德本，若是指此三福，那也并不简单，所以回向功德，求生极乐国，这一法的为难为易，殊不易判断。

《无量寿经》中，说中辈往生因缘云："其中辈者：十方世界，诸天人民，其有至心愿生彼国，虽不能行作

沙门，大修功德，当发无上菩提之心，一向专念无量寿佛，多少修善，奉持斋戒，起立塔像，饭食沙门，悬缯燃香，散华烧香，以此回向，愿生彼国，其人临终，无量寿佛，化现其身，光明相好，具如真佛，与诸大众，现其人前，即随化佛，往生其国，住不退转，功德智慧，次如上辈者也。"可知此辈多是发菩提心，专念彼佛，回向功德，愿生极乐者。根据上述经文，则其所回向之功德，却也并不简单，有的功德，并非我辈穷措大所能举办。所以对于回向功德一事，只好随缘随力行之，把它作为往生的一份助缘，似乎不宜专靠此法作重点。

（六）发往生极乐国愿，为易行门中的易行法

这一法是根据弥陀第十九愿："设我得佛，十方众生，发菩提心，修诸功德，至心发愿，欲生我国，临寿终时，假令不与大众围绕，现其人前者，不取正觉。"根据这一愿，凡是曾经发过一次愿生极乐世界之愿者，临寿终时，佛必来接引往生，较诸上述诸法，都容易得多，可算是易行门中的唯一易行法了。至于佛的愿文中，虽有"发菩提心，修诸功德"八字，但若我们当发愿时，只要在愿文中提出："我今为菩提道故，修诸功德，至心发愿……"等字句，假使平时能随缘修诸福善，即能与佛

愿相应不悖。何况发愿之日，当然是虔持禁戒，以香花蔬果供养三宝，以及念经咒佛号等，这些都可以算是修诸功德了。是日若能发起聚资印经，买命放生，布施病苦，献金建寺等事，不拘多寡，又皆可以算是修诸功德了。任何人，在他的一生中，只要发过一次愿，即可往生。发愿之后，不论临终如何死法，也不论能否保持正念，佛都当来迎，佛既现前，则正念亦不求自得了。所以我认为净土门中，诸修行法，唯有发愿为最易修，而且也最切实稳当。

《楞严经》说："纯想即飞，必生天上，若飞心中，兼福兼慧，及与净愿，自然心开，见十方佛，一切净土，随愿往生。"观是，则曾发净愿者，必生佛国，证以佛语，有如铁案，不可磨灭了。世人读《弥陀经》者，只知全经扼要处，在七日持名，而不知全经最扼要处，乃在三劝发愿。各处佛七道场圆满时，每有举行念佛大回向事，大回向文中，自"愿我临终无障碍"起，至"毕竟当来得成就"止之一段文字，即为发往生极乐国愿，经此发愿后，将来临命终时，若不生极乐国者，释迦及弥陀二如来，即为说妄语者，以两土果人，终说如实语故，所以有愿必生，而发愿一事，亦实为净土门中的最易行法了。

四、五法的选择

吾人悚于六道轮回之痛苦，三途之可畏，无论如何，今生必须即离三界，断生死，绝不能再俟来生。说起此事，如骑上虎背，若不是人打死虎，便要为虎所噬，若不是我制服轮回，就要被轮回所制服。佛愿虽广，佛力虽大，但行者的修行工夫，若配合不上，最终亦是失效，只不过在八识田中，种些将来解脱的种子而已，这样未免缓不济急。今日佛门中，四众弟子，有不少都是在过去生中，与佛法有香火因缘，然而只为偷心未尽，所以今生再出头来，仅如染香人，身有香气，对于木鱼贝叶，似曾相识，若论生死大事，还须费一番气力。今生若再不努力，照这样迁延下去，似乎阿傍狱卒，更比弥陀为容易见面，修行到了这一步田地，怎不伤心痛哭？所以不论缁素行人，悉当限定这一生为最后的报身，关于依法出离这一宗大事，当效古人破釜沉舟，下最大决心，只许成功，不许失败。为了只许成功，不许失败的缘故，所以在各种修行的门径中，必须择定具有自他二力，万修万成的净土法，勤而行之，才有把握。

在净土宗门，实相念佛、观想念佛、持名念佛、修功德回向，求生极乐国，以及发往生极乐愿，这五种方法中，又必须选择最容易做得到，且有成功的希望之法，或专修，或兼修，以期广收道果。譬如行舟于逆流中，当帆棹篙橹并用，才容易前进。

我想：实相念佛一法，须于禅门已破本参，或于教下，已见心性的行者，则可以修持，否则对于实相二字，尚且茫然不解所谓，何论下手。修实相无相之念佛法，若是无望，则不妨改从有相途径，修观想念佛法，较易成功。此法要依《十六观经》，对于极乐国依正庄严，作种种观法，若是感觉观法深玄，境细心粗，或因身未历其境，又无从臆度之困难者，则修观一法，又须化整为零，改主作从，以得少为足，如此则当降为他法的增上缘，说明白一点：观法既不宜专修，则当专修持名，兼修观想。若论执持名号一法，古今来，有不少行人，依之得度。但是，有许多修净人，除持名念佛外，又往往随缘修诸功德，回向求生极乐世界，希望仗阿弥陀佛第二十愿的力量，生于其国。修此一法，所感困惑者，即是：弥陀愿文中，所指"植众德本"四字，究竟什么叫作德本？要植多少才算合格？是否救一个蚂蚁之后，回向功德就可以往生？抑或须广行财法二施才能符合"植众德本"条件？这就不无疑问了。若是须广行财法二施，则也不是简单易行之事，如此则势不得不重之以发愿求生极乐国了。根据弥陀第十九愿：凡曾发愿求生其国者，此人临寿终时，佛都当与大众，现其人前，接引往生，否则此愿若不能实现，他便不能成佛。

吾人若把发愿与持名，作一个比较：持名念佛人，临终若不得正念，如一切横死恶病之类，心一颠倒，是否仍能往生，此事古今哓哓争辩，迄无定论。万一遭横死或重病人，临命终时，不能一心不乱者，则往生一事，恐受影响，如是则当趁健康时，发往生极乐国愿。既发愿已，则临寿终时，不论何种死法，心乱或心不乱，佛都当根据其所发之第十九愿，率诸大众，前来接引往生了。这样看起来，修发愿法，似乎持名更稳当得多。

五、结论

根据以上所述，则易行门中的最易行法，当属于发往生极乐国愿了。若论功效，有五种理由证明发愿的效力，并不下于其余四法：一者，有弥陀第十九愿作根据，绝不落空。二者，《弥陀经》中，释尊曾说过：今生发愿，今生即得往生，绝不俟他生。三者，在一生中，发愿的时间，至多只占半日，不比他法，须终身修持。四者，尽人皆能，不比他法，须靠恒心或根器。五者，信愿行是净土三资粮，既发愿，则信已立，愿已有，行已成，资粮具足，必得往生。有了这五种理由，已足以证明发愿者，今生必往生极乐国。所以发往生愿，在净法中，是易中易，径中径，大可作为净土诸法的总保险，吾人只要把这个总保险法，做得成功了，则其他任何一种的净土法，成功或不成功，都变成次要，而无关大局了。

法相虽然决定如此，然而为了慎重故，只许成功，不许失败故，宁可有余，勿使不足故；临命终时，减少障碍故；行者在发愿之后，至少对于持名念佛及回向功德二事，仍当时时行之。如此则能使道心维持不失，又能遮尘念或黑法，使不致蔓延。因为有了发愿一事，作为后盾的缘故，则此后任修何法，总似吃了一剂定神丸，心中便镇定了许多，显得轻安自在，有恃无恐。笔者一生，除自发之愿不算外，并曾追随大众之后，参加过三次集体发愿；然而我对于实相念佛、观想念佛、持名念佛、修功德回向诸法，还是照行，不敢或懈。如网珊瑚，纵不能获其全树，能拾一节一寸，总名得宝。像这样贪多务得，细大不捐，也无非抱着戒慎恐惧，宁可有余，勿使不足之宗旨使然也。

行者平常，行各种佛事完毕时，每念回向发愿文，然此乃回向功德兼发愿，按诸佛愿，是属于第二十愿：回向功德，求生乐国范围，并非属于第十九愿：发愿愿生极乐国范围。所以回向与发愿，性质略有不同。若就印象深刻，终身不忘，这八个字的作用来说，特地举行一次隆重的发愿仪式，确是非常必要的举动，其功效、性质，亦犹受戒时的受所引律仪无表色，有第二生命之喻也。

一切众生，若单凭自力，开发自性中净土，而后享受其庄严，则虽经劫至劫，恐亦无望。然而，法本融通，佛亦大慈，十方诸佛，为了度生心切，不惜运大愿力，思欲尽举一切有情，今彼等皆生于如来清净八识所加持之净土。此中若论力量，佛已尽了百分之九十九，余下来的一分，不过要一切净业行人：（1）多少修善：修善才能与净心相应，净土相应。（2）息诸罪恶：息恶才能与无明不相应，与秽土不相应。（3）随缘念佛，求生净土：念佛求生净土，才能与佛的清净八识所显现的净土，气氛相投，而寄生其中。譬如一杯之水，并无大海的功能，但若倾一杯水于大海之中，则立即发生与海同样的作用，乃至体性、境界、容量、气味、态度，无不是海，这便是以我当前一念，投入如来性海中的便宜处，也可见他力之大，非可言喻了。明乎此理，则知十念称名，七日念佛，乃至回向、发愿，无非是表法，以示与佛性海相融而已。若论力量，则薄地凡夫，罪垢山积，纵使集七日精进之功，又安能敌亿劫颠倒之业。既然修净念佛，只是表法，以示与佛性相融，与学理不悖，如是则随缘称名，修功德回向，乃至发愿求生，但使努力做去，不论分量如何，自然皆得往生极乐世界，行者不必观于上文，而畏难中辍也。

出版后记

　　星云大师说："我童年出家的栖霞寺里面，有一座庄严的藏经楼，楼上收藏佛经，楼下是法堂，平常如同圣地一般，戒备森严，不准亲近一步。后来好不容易有机缘进到藏经楼，见到那些经书，大都是木刻本，既没有分段也没有标点，有如天书，当然我是看不懂的。"大师忧心《大藏经》卷帙浩繁，又藏于深山宝刹，平常百姓只能望藏兴叹；藏海无边，文辞古朴，亦让人望文却步。在大师倡导主持下，集合两岸近百位学者，经五年之努力，终于编修了这部多层次、多角度、全面反映佛教文化的白话精华大藏经——《中国佛教经典宝藏》，将佛教深睿的奥义妙法通俗地再现今世，为现代人提供学佛求法的方便途径。

　　完整地引进《中国佛教经典宝藏》是我们的夙愿，

三年来，我们组织了简体字版的编审委员会，编订了详细精当的《编辑手册》，吸收了近二十年来佛学研究的新成果，对整套丛书重新编审编校。需要说明的是此次出版将丛书名更改为《中国佛学经典宝藏》。

佛曰：一旦起心动念，也就有了因果。三年的不懈努力，终于功德圆满。一百三十二册，精校精勘，美轮美奂。翰墨书香，融入经藏智慧；典雅庄严，裹沁着玄妙法门。我们相信，大师与经藏的智慧一定能普应于世，济助众生。

东方出版社

图书在版编目（CIP）数据

禅话与净话 / 方伦 著. —北京：东方出版社，2015.5
（中国佛学经典宝藏）
ISBN 978 - 7 - 5060 - 8661 - 5

Ⅰ.①禅…　Ⅱ.①方…　Ⅲ.①禅宗—研究 ②净土宗—研究　Ⅳ.①B946.5 ②B946.8

中国版本图书馆 CIP 数据核字（2015）第 267899 号

禅话与净话
（CHANHUA YU JINGHUA）

作　　者：方　伦
责任编辑：夏旭东
出　　版：东方出版社
发　　行：人民东方出版传媒有限公司
地　　址：北京市东城区东四十条 113 号
邮政编码：100007
印　　刷：北京汇林印务有限公司
版　　次：2016 年 7 月第 1 版
印　　次：2016 年 7 月第 1 次印刷
开　　本：880 毫米×1230 毫米　1/32
印　　张：6.875
字　　数：100 千字
书　　号：ISBN 978 - 7 - 5060 - 8661 - 5
定　　价：29.00 元
发行电话：（010）85924663　　85924644　　85924641